Q & A

改訂版
執行役員制度の設計と運用

荻原 勝 著
Masaru Ogihara

経営書院

はじめに

　近年、企業間競争がとみに激しくなり、経営環境が厳しさを増す中で、企業は、経営の効率化、意思決定の迅速化を迫られています。このような状況に対応する目的で、執行役員制度を導入する企業が増えています。

　執行役員は会社法上の「取締役」ではありません。したがって、執行役員制度には、会社法が適用されません。このため、企業の考え方次第で比較的自由に執行役員制度を設計し、運用することが可能です。

　企業の実態に即して比較的自由に設計・運用できることが執行役員制度のメリットである、という現実的な意見もあります。

　しかし、実際に執行役員制度を構築することになると、

・義務と責任をどのように決めればよいか

・職務権限の範囲をどのようにすればよいか

・どのような観点から業績評価を行えばよいか

・選任と退任の基準をどのようにすればよいか

・役位（ランク）を設けるべきか。設けるとすれば、その数はどれくらいとするのが適切か

・報酬、賞与、退職慰労金は、具体的にどのように取り扱えばよいか

など、実務的に難しい点が少なくありません。

　本書は、執行役員制度の設計と運用のポイントを実務的観点から、具体的に解説したものです。

　実務書は、その性格上、「読みやすさ」が要求されます。読みやすいものとするため、一問一答方式を採用しました。

　また、実務性を高めるため、辞令・就任承諾書・業績評価表などの各種書式（フォーマット）や、執行役員制度の実施に関する取締役会議事録の記載例も多数収録しました。

　執行役員制度は、企業経営においてきわめて重要な制度ですから、合

理的・現実的に設計・運用されることが必要です。制度が合理的・現実的でないと、「経営の効率化」「意思決定の迅速化」など、制度の目的を達成することができません。

　本書が、執行役員制度の設計と運用において役に立つことを願って止みません。

　なお、筆者は、さきに経営書院から『執行役員規程と作り方』を刊行し、ご好評を頂いています。これは、「執行役員就業規則」「執行役員職務権限規程」「執行役員報酬・賞与規程」「執行役員会規程」など、執行役員制度にかかわる規程の作り方を解説した上で、モデル規程を紹介したものです。

　本書が『執行役員規程と作り方』と併せてご利用頂ければ幸いです。

　最後に、本書の出版に当たっては、経営書院の皆さんに大変お世話になりました。ここに記して、厚く御礼申し上げます。

改訂について

　初版の出版以降、執行役員制度を導入する会社が大幅に増加しています。

　そこで、初版発行以降の経営環境の変化を踏まえて、内容の一部を改訂しました。

　この改訂版が、初版と同じように、執行役員制度の設計と運用において役に立つように願っています。

2022年春
荻原　勝

目　　次

はじめに

第1章　執行役員制度の趣旨 ……………………………… 1

   1　執行役員制度とは ………………………………………… 2

   2　執行役員制度の効果 ……………………………………… 4

   3　執行役員と兼務役員との相違 …………………………… 7

第2章　執行役員の義務と責任 ………………………… 9

   1　忠実義務 ………………………………………………… 10

   2　指揮命令服従義務 ……………………………………… 12

   3　法令遵守義務 …………………………………………… 14

   4　競業避止義務 …………………………………………… 16

   5　業務報告義務 …………………………………………… 18

   6　部下の監督義務 ………………………………………… 20

   7　損害賠償責任 …………………………………………… 22

第3章　執行役員の選任 ………………………………… 25

   1　選任の基準 ……………………………………………… 26

   2　選任の手続き …………………………………………… 28

   3　候補者選任の方法 ……………………………………… 30

   4　任期の設定 ……………………………………………… 32

   5　任期の長さ ……………………………………………… 34

   6　辞令と就任承諾書 ……………………………………… 36

   7　役位の設定 ……………………………………………… 38

8　取締役との兼任…………………………………………………40

9　社外執行役員招聘の留意点……………………………………42

第4章　執行役員の退任……………………………………45

1　退任の要件………………………………………………………46

2　再任しない条件…………………………………………………48

3　再任しなかった者の処遇………………………………………50

4　辞任の申し出……………………………………………………52

5　解任・解雇の事由………………………………………………54

6　解任・解雇の手続き……………………………………………56

7　定年制……………………………………………………………58

8　退任執行役員の競業防止策……………………………………60

9　退任執行役員による競業への対抗策…………………………62

第5章　執行役員の職務と権限……………………………65

1　職務の内容………………………………………………………66

2　職務の特徴………………………………………………………68

3　担当職務の決定手続き…………………………………………70

4　担当職務の変更…………………………………………………72

5　職務権限付与のポイント………………………………………74

6　職務権限の範囲…………………………………………………76

7　執行役員営業部長の職務権限…………………………………84

8　執行役員支店長の職務権限……………………………………86

9　執行役員工場長の職務権限……………………………………88

10　権限行使の心得…………………………………………………90

11　予算の執行………………………………………………………92

12　予算支出の許可事項……………………………………………94

13　予算の超過………………………………………………………96

第6章　執行役員の業務目標 ……………………99

1　業務目標設定の目的 ……………………………100

2　業務目標設定の手順 ……………………………102

3　処遇への反映 ……………………………………104

4　営業部門担当執行役員の業務目標 ……………106

5　店頭販売部門担当執行役員の業務目標 ………108

6　生産部門担当執行役員の業務目標 ……………110

7　商品開発部門担当執行役員の業務目標 ………112

8　研究部門担当執行役員の業務目標 ……………114

9　経理部門担当執行役員の業務目標 ……………116

10　人事部門担当執行役員の業務目標 ……………118

11　総務部門担当執行役員の業務目標 ……………120

第7章　執行役員の業績評価 ……………………123

1　業績評価の目的 …………………………………124

2　業績評価の実施方法 ……………………………126

3　営業部門担当執行役員の業績評価 ……………128

4　店頭販売部門担当執行役員の業績評価 ………130

5　生産部門担当執行役員の業績評価 ……………132

6　商品開発部門担当執行役員の業績評価 ………134

7　研究部門担当執行役員の業績評価 ……………136

8　経理部門担当執行役員の業績評価表 …………138

9　人事部門担当執行役員の業績評価 ……………140

10　総務部門担当執行役員の業績評価 ……………142

第8章　執行役員の報酬 …………………………145

1　株主総会の決議 …………………………………146

2　報酬の決定基準 ……………………………………………148

3　報酬の構成 ………………………………………………150

4　執行役員報酬と部長給与との格差 ………………………152

5　執行役員と取締役との報酬格差 …………………………154

6　常務執行役員と執行役員との報酬格差 …………………156

7　専務執行役員と常務執行役員との報酬格差 ……………158

8　役位を設けない場合の報酬格差 …………………………160

9　報酬の支払い ……………………………………………162

10　報酬の引き上げ …………………………………………164

11　休職中の報酬 ……………………………………………166

12　年俸制の適用 ……………………………………………168

13　取締役執行役員の報酬の決め方 ………………………170

14　取締役執行役員報酬の決定手続き ……………………172

第9章　執行役員の賞与 ……………175

1　賞与の支給原資と株主総会決議 …………………………176

2　賞与の取り扱い …………………………………………178

3　賞与支給額の算定方式 …………………………………180

4　業績評価の基準 …………………………………………182

5　取締役執行役員の賞与の取り扱い ………………………184

6　取締役執行役員賞与の決定手続き ………………………186

第10章　執行役員の退職慰労金 ……………189

1　退職慰労金の株主総会の決議 …………………………190

2　退職慰労金の取り扱い …………………………………192

3　退職慰労金の決定基準 …………………………………194

4　退職慰労金の決め方 ……………………………………196

5　Σ（役位別定額または報酬×役位別期間）方式とは …………198

6 Σ（役位別定額または報酬×役位別倍率×役位別期間）方式とは
　　　　　　　　　　　　　　　　　　　　　　　　　　　　　200

7 退任時報酬×Σ（役位別倍率×役位別期間）方式とは ………202

8 退任時報酬×執行役員在任期間方式とは ……………………204

9 退任時報酬×在任年数別支給率方式とは ……………………206

10 役位別倍率の決め方 ……………………………………………208

11 支払日 ……………………………………………………………210

12 功労金の加算 ……………………………………………………212

13 制裁としての退職慰労金の減額・不支給 ……………………214

14 執行役員昇格時の社員分退職金の取り扱い …………………216

15 取締役昇格時の退職慰労金の取り扱い ………………………218

16 取締役執行役員の退職慰労金の取り扱い ……………………220

第11章　執行役員の福利厚生 ………………223

1 社会保険 …………………………………………………………224

2 生命保険 …………………………………………………………226

3 慶弔見舞金 ………………………………………………………228

4 健康診断 …………………………………………………………230

5 人間ドック ………………………………………………………232

6 ストックオプション ……………………………………………234

第12章　執行役員の出張旅費 ………………237

1 出張扱いの基準 …………………………………………………238

2 交通機関の利用基準 ……………………………………………240

3 宿泊料と日当の決め方 …………………………………………242

4 出張旅費節減の工夫 ……………………………………………244

5 海外出張旅費の種類 ……………………………………………246

6 海外出張の宿泊費と日当 ………………………………………248

7　海外旅行傷害保険への加入 ……………………………250

第13章　執行役員の表彰と懲戒 ……………………253

1　表彰 ……………………………………………254
2　懲戒の事由と方法 …………………………………256
3　訓戒（譴責、戒告）………………………………258
4　減給 ……………………………………………260
5　出勤停止 ………………………………………262
6　停職 ……………………………………………264
7　懲戒解雇 ………………………………………266
8　諭旨退職（諭旨解雇、依願退職）……………………268
9　懲戒処分実施の4原則 ……………………………270

第14章　執行役員会 ……………………………273

1　執行役員会の設置 …………………………………274
2　執行役員会の機能 …………………………………276
3　執行役員会の構成 …………………………………278
4　執行役員会の種類 …………………………………280
5　執行役員会の議事運営 ……………………………282

第15章　経営環境の変化への対応 ………………285

1　若手の登用 ……………………………………286
2　女性の登用 ……………………………………289
3　外国人の登用 …………………………………292
4　経営課題への対応 …………………………………295
5　執行役員制度の見直し ……………………………298
6　見直しの内容と体制 ………………………………300

第1章　執行役員制度の趣旨

1 執行役員制度とは

Question　最近、経営の効率化や意思決定の迅速化などを目的として、執行役員制度を導入する会社が増加しているということですが、執行役員制度とはどのようなものですか。

Answer　取締役会において選任され、代表取締役社長の指揮命令を受けて、本社部門、事業部門など、個々の組織の業務を執行する責任者（執行役員）を選任する制度を「執行役員制度」といいます。

解　説

1　執行役員と執行役員制度

　会社法は、「重要な人事は、取締役会において決定しなければならない」と定めています。また、会社全体の業務を執行する者は、代表取締役社長です。

　取締役会において選任され、代表取締役社長の指揮命令を受けて、本社部門、工場、支店、研究所などの組織の長として、その組織の業務を執行する責任者を「執行役員」といいます。

　執行役員の役割は、豊かな業務経験と強いリーダーシップにより、本社部門、工場、支店、研究所などの組織の長として、会社全体の経営方針を踏まえ、担当する部門の業務を執行することです。

　執行役員は、会社法上の「取締役」ではありません。しかし、担当する部門の業務執行権を与えられています。そして、その権限の範囲内で責任を負います。

　執行役員を選任し、代表取締役社長の指揮命令のもとに、本社部門、工場、支店、研究所などの組織の長として、その組織の業務を執行させる制度を「執行役員制度」といいます。

2　執行役員の特徴

　執行役員の特徴は、

　・担当する業務の範囲が特定されていること

　・重い業務責任を負っていること

　・業務執行に関し、大きな権限を与えられていること

などです。

執行役員制度の概要

定　　義	代表取締役社長の指揮命令を受けて、特定の部門の業務を執行する者を選任すること
目　　的	業務の効率化、意思決定の迅速化を図ること
役　　割	特定の部門の業務を効率的に執行し、会社の業績に貢献すること
権　　限	担当する業務を執行する権限
選　　任	取締役会
任　　期	会社の自由（1年または2年としている会社が多い）
定　　数	特に制限はない

2　執行役員制度の効果

uestion　執行役員制度には、どのような効果が期待できますか。

Answer　経営の効率化、意思決定の迅速化、業務執行区分の明確化、取締役会の機能強化などの効果が期待できます。

解　説

執行役員制度には、主として、次のような効果が期待できます。

1　経営の効率化・意思決定の迅速化

　現在、経営を取り巻く環境は、きわめて激しい勢いで変化しています。このため、会社としては、環境の変化に即応して迅速に意思決定を行うことが必要です。意思決定が遅れると、せっかくのビジネスチャンスを逸することになります。

　意思決定を迅速に行い、環境変化に即応するためには、業務の第一線のリーダーに大きな権限を付与し、行動の裁量性を確保することが必要です。

　執行役員制度は、本社部門、工場、支店、研究所などの責任者に大きな権限を付与するものであるため、環境変化に即応し、組織としての意思決定を迅速に行うことが可能となります。これにより、経営の効率化が図られます。

2 業務執行区分の明確化

「会社全体の経営方針の決定と取締役の業務執行の監督」という業務と「個々の組織（本社部門、事業部門）の業務執行」とは、本来的に質の異なるものです。このため、それぞれの執行者を区分し、責任の所在を明確にすることが望ましいといえます。

執行役員制度の導入により、

・会社全体の経営方針の決定と取締役の業務執行の監督を行う者（取締役）

・個々の組織（本社部門、事業部門）の業務を執行する者（執行役員）

が区分され、責任の所在が明確になります。

3 取締役会の機能の強化

取締役会は、本来的に、「会社全体の経営方針の決定と取締役の業務執行の監督」という業務を行う機関です。ところが、現実には、個々の組織（本社部門、事業部門）の業務執行に係る事項も取り扱っています。

経営を取り巻く環境が複雑化していることや、会社間の競争が激しくなっていることを考えると、取締役会は本来の機能に専心することが望ましいでしょう。

執行役員制度を実施することにより、取締役会は、「個々の組織（本社部門、事業部門）の業務執行に係る事項の処理」から解放され、「会社全体の経営方針の決定と取締役の業務執行の監督」という本来の業務に専心することが可能となります。

図表　執行役員制度の効果

・業務執行に係る意思決定を迅速に行える
・部門の最高責任者（部門長）の責任と役割を明確にできる
・部門長に大きな権限を付与するので、業務執行意欲を向上することができる
・取締役会の機能と役割を純化することができる
・経営環境の変化に迅速に対応できる

3　執行役員と兼務役員との相違

> **Q**uestion　執行役員は、使用人兼務役員とどこがどのように違うのですか。

Answer　身分、選任方法、任期などが異なります。

解　説

1　会社法の適用

　執行役員と使用人兼務役員との主な相違点は、会社法上の取締役であるか取締役でないか、です。

　兼務役員は、会社法上の取締役です。したがって、会社法が適用されます。

　これに対し、執行役員は、会社法上の取締役ではありません。したがって、会社法は適用されません。

2　主な相違点

　執行役員と兼務役員との主な相違点を一覧にすると、次のとおりです。

	兼務役員	執行役員
身分	取締役	社員
選任機関	株主総会	取締役会
任期	2年以内（非公開会社は、10年以内）	任期を定めるか定めないかは、会社の自由
取締役会	出席義務がある	出席義務はない
報酬	取締役分については、株主総会の決議が必要	株主総会の決議は必要ない
賞与	取締役分の支払いについては、株主総会の決議が必要	株主総会の決議は必要ない
退職慰労金	取締役分については、株主総会の決議が必要	株主総会の決議は必要ない

第 2 章　執行役員の義務と責任

1 忠実義務

uestion　執行役員にも、忠実義務を課すべきですか。

nswer　執行役員にも、忠実義務を課すべきです。

解　説

1　取締役の忠実義務

　取締役は、会社経営の最高責任者です。取締役がその地位や権限を利用していい加減なことをしたら、会社はおかしくなってしまいます。

　そこで、会社法は、「取締役は、法令及び定款並びに株主総会の決議を遵守し、株式会社のため忠実にその職務を行わなければならない」（第355条）と、取締役の忠実義務を定めています。

　「忠実義務」とは、会社の利益を優先させて忠実に行動することをいいます。取締役は、会社の利益を優先させ、会社の成長発展を図るために行動する義務を負っているのです。取締役が忠実義務を負っていることは、当然といえば当然のことといえます。

2　執行役員への適用

　執行役員は、会社法上の取締役ではありません。このため、取締役の忠実義務を規定した会社法は、執行役員には適用されません。

　しかし、執行役員は、取締役会において選任され、取締役社長の指揮命令を受けて特定の業務を執行するという重要な任務を負っています。もしも、執行役員が会社の利益よりも個人の利益を優先させて行動したら、会社は大きな損害を蒙ることになります。会社の社会的な信用は著しく低下するでしょう。

　このため、執行役員に対しても、忠実義務を課すべきです。取締役社長の指揮命令を遵守し、会社のために忠実にその職務を遂行する義務を課すことにします。

3　忠実義務違反者の処分

　いくら執行役員に対して忠実義務を課しても、執行役員がそれを誠実に守らなければ意味はありません。

　会社としては、執行役員が忠実義務を遵守するように、一定の担保措置を講ずることが望ましいでしょう。担保措置には、さまざまなものが考えられますが、その1つは、違反者の処罰です。すなわち、執行役員が忠実義務に違反する行為を行ったときは、その内容、悪質性、会社に与えた損害の程度などを公正に判断し、訓戒、出勤停止、停職、減給または解任の懲戒処分を行うことにします。

図表　執行役員の忠実義務の内容

・会社の利益のために業務を行う
・社長の指示命令に従う
・会社の経営方針に反する行動をしない
・会社に損害を与えない

2 指揮命令服従義務

 uestion　指揮命令服従義務とは、どのよう
　　　　　　　な義務ですか。

Answer　代表取締役社長の指揮命令に忠実に従う義
務をいいます。

解　説

1　指揮命令服従義務とは

　執行役員は、取締役会において選任され、代表取締役社長の指揮
命令を受けて、担当業務を執行する立場にあります。

　執行役員には、代表取締役社長の指揮命令に忠実に従う義務があ
ります。合理的な理由がないにもかかわらず、取締役社長の指示に
背くような行動をすることは絶対に許されないことです。

　指揮命令に従わないことが許されるのは、「合理的な理由がある
場合」に限られます。合理的な理由とは、例えば、「法律に違反す
る」「会社に損害を与える」などです。

　執行役員は、取締役会において選任され、代表取締役社長の指揮
命令を受けて、担当業務を執行する立場にあるわけですから、代表
取締役社長の指揮命令に従う義務を負うことは当然です。

2　指揮命令服従義務違反者の処分

いくら執行役員に対して指揮命令服従義務を課しても、執行役員がそれを誠実に守らなければ意味はありません。

また、当然のことですが、指揮命令違反を容認したら、組織の秩序は保たれなくなります。さらに、一般社員の勤労意欲や会社の対外的な信用にも、好ましくない影響を与えることになります。

会社としては、執行役員が指揮命令服従義務を遵守するように、一定の担保措置を講ずることが望ましいといえます。

担保措置には、さまざまなものが考えられますが、その1つは、違反者の処罰です。すなわち、執行役員が代表取締役社長の指示に従わないときは、その内容、悪質性、会社に与えた損害の程度などを公正に判断し、訓戒、出勤停止、停職、減給または解任の処分を行うことにします。

3　再任の条件

執行役員は、あらかじめ定められた任期が満了すると、その資格を失うことになります。任期が満了した者を再任するかしないかは会社の自由です。代表取締役社長の指揮命令に忠実に従って業務を遂行したかどうかを、執行役員再任の条件とします。指揮命令に従わない行動をした執行役員は、再任しないものとします。

3 法令遵守義務

 執行役員にも、法令遵守義務を課すべきですか。

 執行役員にも、法令遵守義務を課すべきです。

解　説

1　取締役の法令遵守義務

　会社は、規模の大小、業種のいかんを問わず、社会的な存在です。もしも会社がいい加減な行動をしたら、社会の秩序は保たれなくなってしまいます。

　会社経営の最高責任者は、取締役です。そこで、会社法は、取締役に対し、法令を遵守する義務を課しています。

　取締役は、法令を誠実に遵守して会社経営を行うことが義務付けられています。「利益を上げるため」とか「競争に勝つため」などといって、法令に違反する行為をすることは許されません。

2　執行役員への適用

　執行役員は、会社法上の取締役ではありません。このため、取締役の法令遵守義務に関する会社法の規定は、執行役員には適用されません。

　しかし、執行役員は、取締役会において選任され、取締役社長の指揮命令を受けて特定の業務を執行するという重要な任務を負っています。もしも、執行役員が「会社の利益のため」とか「他社との競争に勝つため」などといって、独占禁止法、不正競争防止法、不当表示防止法、労働基準法などの法令に違反する行為をしたら、法令の定めるところにより一定の罰則を受け、会社の社会的な信用は著しく低下します。一度低下した社会的信用を回復することは、容易ではありません。

　また、会社として、行政機関との取引の停止や免許の停止など、一定の行政処分を受けます。

　このため、執行役員に対しても、法令遵守義務を課すべきです。法令を誠実に遵守し、会社のために忠実にその職務を遂行する義務を課すことにします。

　取締役に準じて経営上重要な立場にある執行役員に対して、法令遵守義務を課すことは、当然といえば当然のことです。

3　忠実義務違反者の処分

　いくら執行役員に対して法令遵守義務を課しても、執行役員がそれを誠実に守らなければ意味はありません。

　会社としては、執行役員が法令遵守義務を遵守するように、一定の担保措置を講ずることが望ましいといえます。担保措置には、さまざまなものが考えられますが、その1つは、違反者の処罰です。すなわち、執行役員が法令に違反する行為を行ったときは、その内容、悪質性、会社に与えた損害の程度などを公正に判断し、訓戒、出勤停止、停職、減給または解任の懲戒処分を行うことにします。

4　競業避止義務

uestion　執行役員にも、競業避止義務を課すべきですか。

Answer　執行役員にも、競業避止義務を課すべきです。

解　説

1　取締役の競業避止義務

　会社経営の最高責任者は、取締役です。その取締役が会社と競合する事業を個人的に始めたら、会社は、取引先を奪われるなど、大きな影響を受けることになります。

　そこで、会社法は、「取締役が自己または第三者のために、会社の事業の部類に属する取引をしようとするときは、株主総会においてその取引につき重要な事実を開示し、その承認を受けなければならない」（第356条第1項）と定め、取締役による競業を禁止しています。

　取締役が、株主総会の承認を受けることなく競業を行うことは会社法違反となります。

2　執行役員への適用

　執行役員は、会社法上の取締役ではありません。このため、取締

役の競業避止に関する会社法の規定は、執行役員には適用されません。

　しかし、執行役員は、取締役会において選任され、取締役社長の指揮命令を受けて特定の業務を執行するという重要な任務を負っています。

　もしも、執行役員が会社に無断で競業を行ったら、会社は、取引先を奪われるなど、経営面で大きな影響を受けます。執行役員は、特定の業務のベテランであり、その業務遂行のノウハウを熟知しているので、会社の受ける損害はそれだけ大きいといえます。取締役による競業の場合以上に深刻な影響を受ける可能性があります。

　このため、執行役員に対しても、競業避止義務を課すべきです。

　取締役に準じて経営上重要な立場にある執行役員に対して、競業避止義務を課すことは、当然といえば当然のことです。

3　競業避止義務違反者の処分

　会社としては、執行役員が競業避止義務を遵守するように、一定の担保措置を講ずることが望ましいでしょう。担保措置には、さまざまなものが考えられますが、その1つは、違反者の処罰です。すなわち、執行役員が競業避止義務に違反する行為を行ったときは、その内容、悪質性、会社に与えた損害の程度などを公正に判断し、訓戒、出勤停止、停職、減給または解任の懲戒処分を行うことにします。

5　業務報告義務

Question　執行役員に対し、取締役会および取締役社長への業務報告義務を課すことについては、どのように考えるべきですか。

Answer　取締役会および取締役社長に対して業務の遂行状況を報告する義務を課すべきです。

解　説

1　業務報告義務

　執行役員は、取締役会において選任され、取締役社長の指揮命令を受けて、特定の部門の業務を執行する任務を負っています。任務の内容は、執行役員によって異なります。

　例えば、執行役員営業部長は、営業部門の社員を指揮命令し、営業部門の成績を上げることが任務です。

　また、執行役員研究開発部長は、研究開発部門の社員を指揮命令し、研究開発の分野において優れた成績を上げることが任務です。

　一方、取締役会および取締役社長は、経営全体を管理監督する責任を負っています。経営全体の管理監督を適切に行うためには、執行役員一人ひとりの業務遂行状況を的確に把握することが必要です。

　執行役員一人ひとりについて業務の執行状況を掌握していないと、執行役員の独走を許し、会社が結果的に重大な損害を蒙る可能性が

あります。

　このため、執行役員に対し、業務の執行状況を適宜適切に取締役会および取締役社長に報告することを義務付けるのがよいでしょう。

　執行役員に任命するに当たり、「業務の執行状況を適宜適切かつ正確に、取締役会および取締役社長に報告するように」「決して独断専行することのないように」と訓示します。

2　再任の条件

　会社としては、執行役員が業務報告義務を遵守するように、一定の担保措置を講ずることが望ましいでしょう。

　担保措置には、さまざまなものが考えられますが、その1つは、再任の条件にすることです。すなわち、一人ひとりの執行役員について、任期中取締役会および取締役社長に対して業務の執行状況を適宜適切かつ正確に報告したかどうかを評価します。そして、報告状況が良くなかった執行役員は、再任を見送ることにします。

6　部下の監督義務

uestion　執行役員には、部下を監督する義務がありますか。

Answer　執行役員は部門の最高責任者ですから、部下を監督する義務があります。

解　説

1　執行役員の監督義務

　執行役員は、取締役社長の包括的な指揮命令を受け、特定の部門の業務を、その部門の社員を指揮命令して執行する任務を負っています。

　例えば、執行役員経理部長は、経理部門の社員を指揮命令して、経理部の業務を効率的に執行する任務を負っています。

　また、執行役員広告宣伝部長は、広告宣伝部門の社員を指揮命令して、広告宣伝部の業務を効率的に執行する任務を負っています。

　執行役員は、部下を指揮命令する立場にあります。部下が一人もいないということは、通常は考えられないことです。

　執行役員には、部下が業務を適正に遂行するよう、部下を管理監督する義務があります。

2　執行役員の責任

　社員は、執行役員の指揮命令に従って、その業務を適正に遂行する責任があります。合理的な理由がないにもかかわらず、上司である執行役員の指揮命令に従わないということは、本来的・道義的に許されません。しかし、社員の中には、執行役員の指揮命令に従わない者がいます。

　もしも、部下が執行役員の指揮命令に従わず、職場の秩序をみだしたり、法令に違反する行為をしたり、あるいは、会社に故意に損害を与えたりしたときは、執行役員は、その監督責任を取るべきです。

　会社は、「部下を適切に管理監督する義務を怠った」として、執行役員の責任を問うべきです。

7　損害賠償責任

 uestion　執行役員の損害賠償責任について は、どのように考えるべきですか。

Answer　執行役員が故意または重大な過失によって 会社に損害を与えたときは、その損害を賠償させるべきで す。

解　説

1　損害の発生

　執行役員制度の大きな目的は、意思決定の効率化・迅速化、業務 執行責任の明確化です。このような目的を達成するために、執行役 員に対しては、業務執行において幅広い裁量権、権限が与えられて います。

　執行役員は、自らに与えられた権限を適正に行使して、担当部門 の業務を遂行することが求められます。権限を濫用することは許さ れません。

　しかし、実際には、権限を濫用し、故意または重大な過失によっ て会社に大きな損害を与える執行役員が出ることがあります。その 人柄や性格を良く知る立場にある周囲の者が「まさか、あの人がこ んなことをするとは・・・」と絶句するような事件や不祥事が生じ ることがあります。

2　損害賠償責任

執行役員は、故意または重大な過失によって会社に重大な損害を与えたときは、その損害を賠償する責任があります。

なお、故意または重大な過失によって会社に重大な損害を与えたことが発覚すると、その執行役員は引責辞任するのが一般的ですが、引責辞任したからといって損害賠償責任を免れることはできません。

3　損害賠償請求

会社は、執行役員が故意または重大な過失によって会社に重大な損害を与えたときは、その執行役員に対し、その損害を賠償するよう請求するべきです。

本人が賠償請求に応じないときや、本人の態度に誠実さが見られないときは、損害賠償を求める民事訴訟を起こします。

会社に損害を与えた執行役員への損害賠償請求を怠ると、株主から「会社の態度は適切でない」として、株主代表訴訟を提起される可能性があります。

4　解任処分

故意または重大な過失によって会社に重大な損害を与えた執行役員は、解任処分に付すのが相当です。

第 3 章　執行役員の選任

1 選任の基準

 uestion　執行役員の選任基準は、どのように決めるのが合理的ですか。

Answer　　主として「豊かな業務経験を有すること。会社の業務に精通していること」「経営感覚が優れていること」「指導力、統率力、行動力および企画力に優れていること」を選任の基準とするのがよい。

解　説

1　執行役員制度の目的

　執行役員制度は、特定の管理部門あるいは事業部門の責任者に幅広い裁量権を与え、その部門の業務を執行させるという制度です。このような制度の趣旨に沿って、執行役員の選任基準を定めます。

　選任基準は、合理的なものでなければなりません。合理性に欠けると、執行役員制度の目的を達成することができません。

2　選任の基準

　執行役員制度の目的からすると、次のような基準を設けるのが合理的といえます。

(1)　豊かな業務経験を有すること。会社の業務に精通していること

　執行役員は、幅広い裁量権を与えられて、特定の事業部門、管理部門の業務を執行する者です。豊かな業務経験がなければ、その任務を遂行することは難しく、また、会社の業務や組織に精通していない場合も、その任務を効率的、効果的に遂行することが困難です。

　(2)　経営感覚が優れていること

　執行役員に経営感覚が要求されることは、当然のことです。経営感覚が劣っていると、業務の遂行に必要以上に時間や費用がかかってしまい、その責任を達成することは困難です。

　(3)　指導力、統率力、行動力および企画力に優れていること

　執行役員は、部下を指揮命令し、特定の部門の業務を執行する立場にあります。このため、指導力、統率力、行動力、企画力が要求されます。

　(4)　執行役員にふさわしい人格、識見を有すること

　執行役員には、その立場上、高い人格と優れた識見が要求されます。

　(5)　心身ともに健康であること

　執行役員は、きわめて忙しい。心身ともに健康でなければ、その職責を果すことは難しいといえます。

図表　執行役員の選任基準

・一定の分野（営業、研究開発、その他）において、業務経験が豊かであること
・経営センスのあること（マネジメント能力に優れていること）
・リーダーシップのあること
・行動力、実行力のあること
・人格（人間性）、識見に優れていること
・会社の経営理念と経営方針を正しく理解していること
・法令順守意識の強いこと
・心身ともに健康であること

2 選任の手続き

Question　　執行役員は、株主総会において選任するのですか、それとも、取締役会において選任するのですか。

Answer　　執行役員は、株主総会において選任する必要はありません。取締役会で選任すればよいとされます。

解　説

1　会社法の規定

会社法は、取締役の選任について、「取締役は株主総会の決議によって選任する」（第329条第1項）と定めています。

これに対し、執行役員は、会社法上の取締役ではないため、会社法は適用されません。したがって、株主総会において選任する必要はありません。

2　取締役会における選任

このように、執行役員については、株主総会において選任する必要はありません。しかし、執行役員は、会社にとってきわめて重要な人事であるため、取締役会において選任しなければなりません。これは、会社法において、「重要な使用人の選任および解任は、取締役に決定させることができない」（第362条第4項）と定められて

いるからです。

　執行役員の人事は、取締役会において決定します。

　社長が、取締役会に諮ることなく、独断で執行役員を選任し、任命するのは、会社法の規定に違反します。

（参考）執行役員の選任に関する取締役会議事録

第○号議案　執行役員の選任に関する件

　議長は、経営の効率化と意思決定の迅速化を図るため、下記の3名を執行役員に選任し、下記の期間、下記の業務の執行を担当させたい旨諮ったところ、全員異議なくこれを承認した。

氏名	生年月日	現職	業務内容	任期
○○○○	年　月　日	営業部長	営業に関する業務	年　月　日から 年　月　日まで
○○○○	年　月　日	経理部長	経理に関する業務	年　月　日から 年　月　日まで
○○○○	年　月　日	本社工場長	工場生産に関する業務	年　月　日から 年　月　日まで

3 候補者選任の方法

 **uestion**　取締役会に諮る執行役員候補者の人選には、どのような方法がありますか。

Answer　社長が人選する方法と、指名委員会を設けて人選する方法とがあります。

解　説

1　執行役員候補者の人選

　執行役員人事は、取締役会において決定することが必要ですが、取締役会に諮る執行役員候補者の人選には、

　・社長が人選する

　・指名委員会を設けて人選する

という 2 つの方法があります。

2　社長による人選方式

　これは、経営の最高責任者である取締役社長が執行役員候補者を人選するというもので、最も一般的な方式です。

　社長は、その立場上、幹部社員の人事情報を掌握しています。その社長が、「誰が執行役員にふさわしい人材であるか」「誰を執行役員に登用することが会社にとって望ましいか」「会社の業績を向上

させるためには、誰を執行役員に登用すべきか」を判断して、候補者を決め、これを取締役会に諮ります。

3　指名委員会による人選方式

これは、執行役員候補者を人選するための委員会を設け、そこで人選するというものです。委員会の構成には、

・取締役だけで構成する

・取締役と部長クラスとで構成する

などがあります。

会社は、社会的な存在ですから、経営の透明性・公正性・健全性を確保することが重要です。透明性・公正性・健全性に欠ける会社は、社会一般の支持と理解を得ることができません。

経営の透明性・公正性・健全性を確保することを「コーポレートガバナンス」といいます。近年、コーポレートガバナンスへの関心が高まっていることは周知のとおりです。

指名委員会方式は、コーポレートガバナンスに対応したものです。現在のところ指名委員会方式を採用している会社は少数に留まっていますが、今後は増加することが見込まれます。

4　任期の設定

 uestion 　執行役員については、任期を設けるのがよいですか。

Answer 　組織の活力を保つためには、一定の任期を定めるのがよい。

解　説

1　会社法の定め

　取締役の場合は、会社法によって、「取締役の任期は、選任後 2 年以内に終了する事業年度のうち最終のものに関する定時株主会の終結の時までとする」（第332条第 1 項）と定められています。したがって、 2 年以内の任期を定めることが必要です。任期を定めることなく取締役を選任することは、会社法違反です。

　これに対し、執行役員は、会社法上の役員ではないので、任期を定めなくても、法律に違反することはありません。

　任期を定めるか定めないかは、それぞれの会社の自由です。

2　任期制の効果

　執行役員は、一般の部課長とは異なり、幅広い裁量権を与えられて担当部門の業務を執行する責任者ですので、執行役員としての緊張感と自覚を持って業務を遂行することが望まれます。強い緊張感

と自覚を持って、積極的・計画的に業務に取り組むことにより、業績の向上が図られます。

部下も、執行役員自身が業務に積極的・計画的に取り組むことにより、その影響を受け、業務に励むようになります。

任期を定めないと、就任期間、在任期間が長くなるにつれて、執行役員としての緊張感と自覚が薄れ、業務への取り組みがマンネリになる可能性があります。執行役員の業務への取り組みがマンネリになると、優れた成果を収めることが難しくなります。また、職場の活力も低下します。

これらの事情を考慮すると、取締役と同じように任期制を採用するのがよいでしょう。比較的短期の期間を定めて任用します。そして、任期中の成果・業績を公正に評価し、再任の可否を判断することにします。

3　再任・退任

業務に積極的・意欲的に取り組み、会社の期待に応える業績を達成した者については、再任を求めます。これに対し、業務への取り組みに積極性・意欲性に欠けた者や、会社の期待に応える業績を達成できなかった者については、残念ながら退任を求めます。

4　評価基準を知らせる

執行役員の任用について任期制を採用し、任期中の成果・業績を公正に評価して再任の可否を判断することにするときは、
① 執行役員の業務内容に即して、業績評価の基準を合理的に定めること
② 執行役員に対し、あらかじめ業績評価の基準を知らせておくこと
が望ましいといえます。

5　任期の長さ

uestion　執行役員の任期は、どれくらいの
長さにするのがよいですか。

nswer　取締役の任期と同じにするのがよい。

解　説

1　執行役員の任期

　執行役員について任期制を採用する場合、その期間をどのように
定めるかは、それぞれの会社の自由です。

　任期については、実務的に、

　・取締役よりも長くする

　・取締役と同じとする

　・取締役よりも短くする

の3つがあります。

　執行役員の任期を取締役よりも長くしたり、あるいは短くしたり
すべき理由は特に存在しません。また、執行役員の任期を取締役よ
りも長くしたり、あるいは短くしたりしても、それによって会社が
メリットを享受できるということは、一般的には考えられません。

　一方、執行役員は、取締役と同じように、会社の業績を向上させ
て株主その他のステークホルダー（利害関係者）の期待に応えなけ
ればならないという重い経営責任を負ってます。

　これらの事情を考慮すると、執行役員の任期は、取締役と同一とするのがよいといえます。

　例えば、取締役の任期を2年と定めているときは、執行役員の任期も2年とします。また、経営責任の明確化、組織の活性化という観点から、取締役の任期を1年と定めているときは、執行役員の任期も1年とします。

2　就任日

　執行役員は、取締役と同じように経営責任を負っていることを考慮すると、就任日についても、取締役に揃えることが望ましいでしょう。

　例えば、取締役の就任日を「株主総会で選任決議された日」と定めているときは、執行役員の就任日も、株主総会開催日とします。

3　中途任用者の任期

　人事は、すべて統一的・効率的に行うことが望ましいものです。執行役員の人事についても、同様です。

　このため、前任者の辞任や死亡などによって、期の中途で執行役員に就任する者については、その任期は、前任者の任期の残余期間とします。

　例えば、任期を2年と定めている場合に、前任者が就任後6ヶ月で死亡したとします。この場合、後任の執行役員の任期は、残りの1年6ヶ月とします。

6 辞令と就任承諾書

Question　執行役員任用の辞令と就任承諾書の取り扱いは、どのようにするのがよいですか。

Answer　任用の辞令を交付し、就任承諾書を提出させるのがよい。

解　説

1　辞令の交付と就任承諾書の提出

　執行役員制度が成功するかしないかは、執行役員本人の自覚によるところがきわめて大きくなります。執行役員としての自覚が乏しいと、業務への取り組みに緊張感と熱意が希薄となります。その結果、会社の期待に応える業績を上げることが困難となります。

　執行役員制度を成功させるため、会社としては、執行役員の自覚を高めるための方策に工夫を図るべきです。

　自覚を高めるという観点からすると、

　・取締役会において選任を決定したときに、辞令を交付する

　・本人に就任承諾書を提出させる

という手順を踏むのがよいでしょう。

　辞令を交付したり、就任承諾書を提出させたりすれば、必ず自覚が高まるというほど単純なものではありませんが、責任意識と自覚

を高めるための現実的・実務的な方策であることは確かです。

2　辞令と就任承諾書のモデル

執行役員の辞令と就任承諾書のモデルを示すと、次のとおりです。

様式(1)　執行役員辞令

```
                                        年　　月　　日
_____殿
                              取締役社長_____印
                      辞令
  執行役員（役職名）に任ずる。
  （任期）　年　月　日〜　年　月　日（2年間）
                                              以上
```

様式(2)　就任承諾書

```
                                        年　　月　　日
取締役社長_____殿
                              （氏名）_____印
                    就任承諾書
  執行役員（役職名）に就任することを承諾します。
  法律、会社の規則・規程ならびに社長および取締役会の指示命
令を遵守し、会社のために忠実に職務を遂行することを誓約いた
します。
                                              以上
```

7　役位の設定

Question 執行役員に役位を設けることについては、どのように考えればよいですか。

Answer　「役位を設けるのがよい」という意見もあれば、「役位を設ける必要はない」という考えもあります。

解　説

1　2つの意見

執行役員の役位（例えば、上席執行役員、執行役員）の設定については、

・執行役員は誰もが担当部門の業務を執行する役割と責任を負っている。担当部門によって、役割と責任に軽重はない。役割の重さ、責任の重大さは、どの執行役員も同じである。したがって、役位を設ける必要はない

・執行役員によって、役割の重さ、責任の重大さに差がある。重い役割を負っている執行役員もいれば、役割がそれほど重くない執行役員もいる。したがって、すべての執行役員を一律に処遇するのは適切ではない。やはり、役割の重さ、責任の重大さに応じて、2つから4つ程度の役位を設けるのが現実的である

という2つの意見があります。

　実際、執行役員の処遇に関する実態調査を見ても、役位を設けている会社もあれば、設けていない会社もあります。どちらが主流を占めているとは断定しがたい状況です。

2　現状に即して決める

　執行役員が担当している業務の具体的な内容は、会社によって相当異なります。執行役員によって、業務の役割の重さ、責任の重大さに差が見られる会社もあれば、あまり差が見られない会社もあります。

　役位の設定については、その会社における執行役員の業務の実態に即して決めるべきです。

　執行役員によって、業務の役割の重さ、責任の重大さに差が見られる会社は、2つないし3つ程度の役位を設けるのがよいでしょう。

　これに対し、執行役員によって、業務の役割の重さ、責任の重大さにあまり差が見られない会社は、特に役位は設けず、すべての執行役員を同等に処遇するのがよいでしょう。

3　役位の呼称

　役位を設けている会社について、その呼称をみると、一般的には図表に示すとおりです。

図表　役位の呼称例

2ランクの場合	・上席執行役員、執行役員 ・常務執行役員、執行役員
3ランクの場合	専務執行役員、常務執行役員、執行役員

8 取締役との兼任

uestion 　取締役が執行役員を兼務すること
については、どのような考えがあ
りますか。

Answer 　「取締役は執行役員を兼務すべきでない」
という意見と、「執行役員を兼務しても差し支えない」と
いう意見とがあります。

解　説

1　2つの意見

取締役と執行役員との兼任については、

・経営の健全性、公正性を確保するため、取締役は執行役員を兼
任すべきでない。兼任を認めると、経営の健全性、公正性が損
なわれる危険性がある。取締役は、経営全体の管理・監督に専
念すべきである

・業績の向上、意思決定の迅速化、人材の有効活用のため、必要
に応じ、執行役員の兼任を認めるべきである

という2つの対立した意見があります。

どちらが正しく、どちらが正しくないということは、一概には断
定できません。現状をみても、執行役員の兼任を認めていない会社
もあれば、多くの取締役が執行役員を兼務している会社もあります。

　取締役の執行役員兼務については、自らの会社の組織風土や経営方針などを踏まえて判断すべきです。

2　取締役会での決定

　取締役が執行役員を兼任することについては、取締役会の決定によって行うべきです。

（参考）取締役の執行役員兼務に関する取締役会議事録

　第○号議案　取締役の執行役員兼務について

　取締役社長は、業績向上のため、取締役に執行役員を兼務させることとし、その人事について次のように諮ったところ、全員異議なくこれを承認した。

取締役○○○○氏	営業部門担当
取締役○○○○氏	製造部門担当
取締役○○○○氏	研究開発部門担当
取締役○○○○氏	経理・財務部門担当
取締役○○○○氏	広告宣伝担当

9　社外執行役員招聘の留意点

Question　執行役員を外部から招聘する場合は、どのような点に留意するべきですか。

Answer　招聘期間、期間延長の有無とその条件、担当職務および報酬などを明確にしておくことが望まれます。

解　説

1　社外執行役員の効果

執行役員については、生え抜きの社員を登用するのが一般的です。しかし、社内に人材が不足しているときは、社外から招聘せざるを得ません。

例えば、研究開発の面において優れた能力を有する人材が社内にいないときは、研究開発のベテランを社外から招聘し、「執行役員研究開発部長」に任用せざるを得ません。

社外からの招聘人事は、

・優れた人材を活用できる

・業績の向上を図れる

・社内の活性化を図れる

などの効果を期待できます。

2　招聘条件の確認

　社外の人材を執行役員として迎えるときは、あらかじめ本人との間において、次の点を明確にしておくことが望ましいでしょう。
　　・雇用期間
　　・雇用契約を更新することの有無、更新するときはその条件
　　・担当する職務の具体的な内容
　　・会社として期待する成果
　　・報酬の金額
　　・報酬支払の時期、方法
　　・賞与支払の有無
　　・退職慰労金支払の有無
　あらかじめ条件を確認することにより、無用なトラブルの発生を防止することが可能となります。

3　招聘条件確認の方法

　招聘条件の確認には、
　　・書面で確認する
　　・口頭で確認する
などがあります。

第4章　執行役員の退任

1 退任の要件

uestion　執行役員の退任には、一般的にど
のような要件がありますか。

nswer
　　　任期満了、辞任、解任・解雇などがありま
す。

解　説

　執行役員の退任には、一般的に次のような要件があります。

1　任期満了

　執行役員は、一般的に任期を定めて任用されます。あらかじめ定
められた任期が満了すると、執行役員としての身分は自動的に消滅
します。

2　辞任

　執行役員と会社との関係は、一般的に雇用関係です。雇用関係に
ついて、民法は、「当事者の一方が解約を申し入れた場合、雇用契
約は 2 週間を経過すると終了する」と規定しています（第627条）。
　執行役員は、会社に対していつでも辞任・退職を申し出ることが
できます。会社に辞任・退職を申し出て 2 週間が経過すると、社員
および執行役員としての身分を失います。

3 定年

定年制を実施している場合は、定年に達すると、執行役員としての身分を失います。

4 死亡

死亡すると、執行役員としての身分を失います。

5 解任

任期中であっても、合理的な理由がある場合には、会社は、執行役員を解任できます。

6 専任取締役への昇格

専任取締役に選任されると、執行役員を退任することになります。

7 会社の解散・破産

会社が解散したり、破産したりすれば、会社そのものが存在しなくなるので、執行役員としての地位を失うことになります。

辞任・退職届

```
                                        年　月　日
取締役社長＿＿＿＿殿
                              執行役員＿＿＿＿印
                    辞任・退職届
　一身上の理由により、平成　年　月　日をもって執行役員を辞
任し、会社を退職したいのでお届けします。
                                            以上
```

2　再任しない条件

> **Question**　任期が満了した執行役員について、再任するかしないかを判断する条件を決めたいが、「再任しない条件」としては、どのようなものが考えられますか。

Answer　「業績が会社の期待を著しく下回ったこと」「指導力、統率力が著しく劣っていること」「会社の信用と名誉を傷つける行為をしたこと」などを、「再任しない条件」とします。

解　説

1　任期満了者の取り扱い

任期が満了した執行役員については、再任するかしないかを決めることが必要となります。当然のことながら、任期満了となる執行役員は、「自分は再任されるだろう」と期待しています。だから、再任されないことになると、大きなショックを受けます。

執行役員の人事は、公正に行う必要があります。執行役員として優れた業績を上げた者が再任されなかったり、会社の信用を傷つける行為をした執行役員が再任されるような不公正が行われてはなりません。会社としては、再任するかしないかの基準を明確にしておくことが望ましいといえます。

2　再任しない条件

　次の事項のいずれか1つあるいは2つ以上に該当する者は、執行役員として再任しないことにするのが適切です。

---

(1)　業績が会社の期待を著しく下回ったこと

(2)　指導力、統率力が著しく劣っていること

(3)　マネジメント能力に問題があること

(4)　相当の高齢に達したこと

(5)　健康面で問題があること

(6)　取締役社長または取締役会の業務上の指示命令にしばしば従わず、業務の正常な運営を著しく妨げたこと

(7)　しばしば会社の規則・規定を守らず、会社の規律と秩序を著しく乱したこと

(8)　故意または重大な過失により、会社に重大な損害を与えたこと

(9)　故意または重大な過失により、重大な災害を発生させたこと

(10)　法令に違反する行為をしたこと、または部下に対し、法令違反行為を指示したこと

(11)　会社の許可を得ることなく、他に雇用されたこと、または自ら事業を営んだこと

(12)　職務上の権限を濫用したこと

(13)　職務上の地位、権限を利用して、不当に個人的な利益を得たこと

(14)　会社の信用、名誉を著しく傷つける行為をしたこと

(15)　部下の管理監督、業務指導または指示に適切さを欠き、しばしば業務に著しい支障を与えたこと

(16)　その他執行役員として著しく不適切な行為のあったこと

3　執行役員への周知

　再任しない条件を決めたときは、その内容を執行役員に周知しておくことが望まれます。

3 再任しなかった者の処遇

Question 執行役員としての任期が満了した者のうち、再任しなかった者はどのように処遇すべきですか。

Answer 本人が希望したときは、65歳まで継続的に雇用することが必要です。

解　説

1　非再任者が65歳未満の場合

　高齢化の進展に伴い、高齢者の雇用を安定的に確保することが重要な社会的課題になっています。このため、高年齢者雇用安定法は、会社に対して、65歳までの継続雇用を義務付けています。

　会社と執行役員との関係は「雇用関係」です。したがって、高年齢者雇用安定法が適用されます。

　再任されなかった者（退任者）が「引き続き会社で働きたい」と申し出たときは、会社は、その人を正社員または嘱託として65歳まで継続的に雇用する義務があります。

　一般的にいえば、嘱託として、その人にふさわしい業務を担当させるのがよいでしょう。

　非再任者が継続勤務を希望しているにもかかわらず、「執行役員に再任されなかったのだから」といって退職させることは、高年齢

者雇用安定法違反です。

　非再任者が継続勤務を希望しないときは、任期満了の時点で「退職」とします。

2　非再任者が65歳以上のとき

　非再任者が65歳以上であるときは、任期満了の時点で「退職」とするのがよいでしょう。

　もちろん、その人を「嘱託」あるいは「非常勤社員」などとして活用することは会社の自由です。

4　辞任の申し出

uestion　執行役員に急に辞任されることを
防止するためには、どうすればよ
いですか。

Answer　辞任するときは、できる限り早めに申し出
るよう周知します。

解　説

1　民法の規定

　執行役員と会社との関係は、雇用関係です。雇用関係について、
民法は、「当事者の一方が解約を申し入れた場合、雇用契約は 2 週
間を経過すると終了する」と規定しています（第627条）。

　執行役員は、会社に対していつでも辞任・退職を申し出ることが
できます。会社に辞任・退職を申し出て 2 週間が経過すると、社員
および執行役員としての身分を失います。

2　早めの意思表示

　執行役員は、部門の最高責任者です。その職務を円滑に遂行する
には、相当の能力、知識、経験を必要とするため、誰でも執行役員
が勤まるというものではありません。

　執行役員が任期途中で辞任した場合、会社としては、後任人事を

発令することが必要ですが、一般に、後任者をすぐに見つけること
は困難です。適切な後任者を見つけるには、相当の期間がかかりま
す。

　執行役員の不在は、「司令塔の不在」を意味します。したがって、
その期間が長期になればなるほど、経営に支障が生じます。

　この場合、「適当な後任者がいないから」といって、能力、知識
または経験に欠ける者を執行役員に任命すると、その職務を円滑に
遂行することができず、経営に著しい支障が生じます。

　執行役員の辞任による経営への支障を最小限にとどめるためには、
普段から、執行役員に対し、「辞任するときは、できる限り早めに
会社に申し出ること」を周知しておくことが必要です。

3　取締役会での承認

　執行役員の退任は、会社にとってきわめて重要な人事です。この
ため、取締役会での承認事項とします。

図表　辞任・退職の取り扱いの留意点

1　辞任・退職届をできる限り早めに提出するように求める（遅くとも、辞任の2週間前）
2　前任者との引継ぎを完全に行うように求める
3　必要に応じて、「退職後、競業はしない」という誓約書の提出を求める

5　解任・解雇の事由

 uestion　執行役員は、どのような場合に解任・解雇できますか。

Answer　社長または取締役会の業務上の指示命令に従わず、業務の正常な運営を著しく妨げたときや、会社の規則・規定を守らず、会社の規律と秩序を著しく乱したときなどです。

解　説

1　身分保証の義務

会社は、一定の任期を定めて執行役員に任命した以上、任期中は、執行役員としての身分を保証することが必要です。任期中に勝手に執行役員としての身分を解任・解雇することは、「解雇権の濫用」であって、許されないことです。

任期中の解任・解雇が許されるのは、合理的な理由がある場合に限られます。

2　合理的な理由とは

「合理的な理由」としては、次のようなものが考えられます。

(1)　取締役社長または取締役会の業務上の指示命令に従わず、業

務の正常な運営を著しく妨げたとき

(2)　会社の規則・規定を守らず、会社の規律と秩序を著しく乱したとき

(3)　故意または重大な過失により、会社に重大な損害を与えたとき

(4)　故意または重大な過失により、重大な災害を発生させたとき

(5)　法令に違反する行為のあったとき、または部下に対し、法令に違反する行為を指示したとき

(6)　会社の許可を得ることなく、他に雇用されたとき、または自ら事業を営んだとき

(7)　会社の営業上の秘密を他に漏らしたとき

(8)　職務上の権限を濫用したとき

(9)　職務上の地位、権限を利用して、不当に個人的な利益を得たとき

(10)　会社の金品を着服、横領したとき

(11)　会社の信用、名誉を著しく傷つけたとき

(12)　部下の管理監督、業務指導または指示に適切さを欠き、業務に著しい支障を与えたとき

(13)　その他執行役員として著しく不適切な行為のあったとき

3　取締役会での決議

　執行役員の解任・解雇は、会社にとってきわめて重要な人事です。このため、取締役会での決議事項とします。

6 解任・解雇の手続き

uestion 　執行役員の解任・解雇については、本人に予告することが必要ですか。

Answer　　不祥事の内容がきわめて悪質であるときは、労働基準監督署長の許可を得て、即時に解雇することができます。

解　説

1　解雇の原則

　解任・解雇は、執行役員としての地位を取り上げたうえ、会社との雇用関係を断ち切り、社外へ追放するというもので、きわめて重い処分です。

　解任・解雇は、解雇者の生活にきわめて大きな影響を与えます。収入が途絶え、生活が困難となるからです。

　このため、労働基準法は、「使用者は、労働者を解雇しようとする場合においては、少なくとも30日前にその予告をしなければならない。30日前に予告をしない使用者は、30日分以上の平均賃金を支払わなければならない」と規定しています（第20条）。

　「平均賃金」とは、過去３ヶ月間に本人に支払われた報酬の総額を、３ヶ月間の総日数で割った金額をいいます。

2　解雇の特例

　このように、30日前の予告あるいは平均賃金の30日分以上の支払が解雇の条件であるが、「労働者の責に記すべき事由に基づいて解雇する場合」で、労働基準監督署長の許可を受けたときは、予告手当を支払うことなく即時に解雇できます。

　このため、執行役員の不祥事の内容がきわめて悪質であると判断されるときは、労働基準監督署長の許可を得て、即時に解任・解雇するのがよいといえます。

3　取締役会での決議

　執行役員の解任・解雇は、会社にとってきわめて重要な人事です。このため、取締役会での決議事項とします。

（参考）執行役員の解任・解雇に関する取締役会議事録

第○号議案　執行役員の解任・解雇に関する件
　議長は、下記の事由により、執行役員○○○○氏を　　年　　月　　日付けをもって解任・解雇したいと諮ったところ、全員異議なくこれを承認した。
　あわせて、同氏に対しては、退職慰労金は支給しないことを全員一致で決議した。
（解任・解雇の事由）＿＿＿＿＿＿＿＿＿＿＿＿＿＿＿＿＿＿＿＿
＿＿＿＿＿＿＿＿＿＿＿＿＿＿＿＿＿＿＿＿＿＿＿＿＿＿＿＿＿＿＿
＿＿＿＿＿＿＿＿＿＿＿＿＿○。

7　定年制

uestion　執行役員の定年には、どのような
　　　　　　　決め方がありますか。

nswer　　一律に決める方式と役位別に決める方式と
があります。

解　説

1　定年制の趣旨

執行役員は、経営の第一線の最高リーダーです。その執行役員が
高齢化すると、
  ・行動力、実行力が減退する
  ・環境変化への適応力が衰える
  ・執行役員と一般社員とのコミュニケーションが少なくなる
  ・指導力、統率力が低下する
などの問題が生じます。その結果、会社全体の競争力と一体感に翳
りが出ます。

会社としては、執行役員の年齢構成がいたずらに高齢化すること
のないよう、工夫を払う必要があります。工夫の1つは、定年制の
実施です。すなわち、執行役員について一定の年齢を定め、その年
齢に到達したら原則として退任させることにします。

2　定年の決め方

定年の決め方には、

・一律に定める

・役位別に定める（例えば、専務執行役員65歳、常務執行役員63歳、執行役員60歳）

の2つがあります。

3　退任日

定年を定めた場合、退任日は、その定年年齢に到達した直後の任期満了日とするのが実務的に便利です。

図表　定年制の効果

・高齢化に伴う弊害（判断力・決断力の低下等）を防止できる
・人事ローテーションを円滑に行える
・人事ローテーションの活性化により、社内の活性化を図れる

4　顧問への任用

定年退職する執行役員のうち、次のいずれかに該当する者を顧問に任用することも考えられます。

・在任中の業績が特に優れている者

・高度の専門知識を有する者

顧問は、非常勤とし、任期は1年または2年程度とします。必要に応じて、顧問契約を更新します。また、一定額の報酬を支給します。

8 退任執行役員の競業防止策

Question　辞任する執行役員が会社と同じ事業を始めることを防ぐには、どのような方策を講じるべきですか。

Answer　執行役員規程に「退任後の競業を禁止する」と明記するとともに、退任するときに誓約書を提出させるのがよい。

解　説

1　執行役員規程による定め

　執行役員は、経営について豊かな経験と知識を有すると同時に、社外に人脈を形成しています。例えば、営業担当執行役員の場合には、その仕事の性格上、多くの有力な取引先と親しい関係にあります。

　したがって、退任した執行役員が、会社と同じ分野の仕事をする会社を設立したり、あるいは、ライバル会社に再就職したりすると、取引先を奪われたり、秘密情報が漏洩したりして、会社は大きな被害を受けます。場合によっては、売上が激減し、倒産の悲劇に見舞われる危険性もあります。

　退任する執行役員による競業を防ぐためには、まず、執行役員規程において、「執行役員は、在任中はもとより退任後2年間は、会社と競合する事業を始めたり、会社と競争関係にある会社に再就職

したりしてはならない」と定めることが必要です。

　会社としては、当然のことながら、未来永劫にわたって競業を禁止したいところです。しかし、退任する執行役員にも、「職業の自由」というものがあります。職業の自由は、憲法で保証された権利です。したがって、競業を永遠に禁止することは許されません。競業禁止期間は2、3年程度とするのが適切でしょう。

2　誓約書の提出を求める

　執行役員規程において競業を禁止しても、退任するときには、その定めを忘れてしまうことも考えられます。

　そこで、退任する執行役員に対し、必要に応じ、「退任後2年間は、会社の許可を得ることなく、会社と競合する会社を設立したり、あるいは、会社と競争関係にある会社に再就職したりしないこと」を誓約する書面を提出させるのがよいでしょう。

　誓約書の提出を求めることは、会社にとって重要なリスクマネジメントであるといえます。

（参考）執行役員退任時の誓約書

　　　　　　　　　　　　　　　　　　　　　　　年　月　日

取締役社長＿＿＿＿殿

　　　　　　　　　　　　　　　　　（氏名）＿＿＿＿印

　　　　　　　　　　　誓約書

　執行役員を退任するにあたり、今後2年間は、会社の許可を得ることなく、会社と競合する会社を設立したり、あるいは、会社と競争関係にある会社に再就職したりしないことを誓約いたします。

　　　　　　　　　　　　　　　　　　　　　　　　　以上

9　退任執行役員による競業への対抗策

Question　退任した執行役員が会社と同じ事業を始めたときは、どのような対策を講じるべきですか。

Answer　内容証明郵便で中止を警告し、警告に従わないときは、法的措置を講じるのがよい。

解　説

1　中止を警告する

　退任した執行役員が会社と同じ事業を始めると、
　・取引先を奪われる
　・営業上の秘密やノウハウが盗用される
　・会社のイメージが低下する
など、深刻な影響が出ます。このため、会社として、許しがたい行為です。

　会社は、すぐに、「即刻中止すること。中止しないときは、裁判所へ訴えるなどの法的措置を取る」という内容の書面を、内容証明郵便で送るべきです。

　この警告書では、「1週間以内に返答すること」も要求します。

　内容証明郵便は、公的機関（郵便局）がその内容を確認したうえで、相手に確実に送付されます。したがって、通常の郵便と異なり、

相手に相当の心理的圧力を与えるという効果が期待できます。

2 法的な措置

相手が競業を中止しないときは、弁護士と相談し、
・競業の即時差止め処分
・損害の賠償
を求める裁判を起こすとよいでしょう。

（参考）競業中止の警告書

```
                                    年  月  日
_____殿

                    取締役社長_____印
              警告書
  貴殿が会社と同じ事業を開始したため、会社は、取引先を奪わ
れるなど、深刻な影響を受けています。競業は、会社に対する重
大で許しがたい背信行為です。即刻中止するよう警告します。
  この警告書が送達された日から1週間以内に、貴殿の見解を書
面によってご回答ください。
  ご回答がないときは、中止の意図がないものと認め、弁護士と
相談のうえ、法的な措置を講じることを申し添えます。
                                           以上
```

第5章　執行役員の職務と権限

1 職務の内容

uestion 　執行役員は、どのような職務を行うのですか。

Answer 　執行役員は、取締役社長の包括的な指揮命令を受けて、特定の部門または事業所の業務を執行します。

解　説

1　会社と組織

　会社は、その規模がある程度大きくなると、経営を効率的・組織的に行うために、営業部、経理部、人事部、製造部、総務部などの部を設けます。一般に、会社の規模が大きくなればなるほど、さらに、事業の範囲が広くなればなるほど、仕事の種類と量が増加するので、部の数も増えます。

　また、会社の中には、経営を効率的・組織的に行うために、本社のほかに、工場、支店、営業所、研究所などの事業所を設けているところもあります。最近は、経済の国際化・グローバル化を反映して、海外に事業所を設けている会社も多くあります。

　部や事業所の運営は、その運営責任者を明確にしたうえで、効率的に行われることが必要です。

　部や事業所の運営について優れた能力と豊かな経験を有している人材を、その部や事業所の最高責任者として任用し、実力を発揮さ

せることにより、部門の業績の向上が図られます。

2　執行役員の職務

　執行役員は、取締役社長の包括的な指揮命令のもとに、
　　・営業部、研究開発部、製造部、経理部、人事部、総務部等の本
　　　社部門
　　・工場、支店、営業所、研究所等の事業所
の長（最高責任者）として、その部門または事業所の業務を執行します。

　例えば、執行役員営業部長は、営業部の業務執行について取締役社長から裁量権を付与され、取締役社長の包括的な指揮命令のもとに、営業部の業務を執行します。

　また、執行役員経理部長は、経理部の業務執行について取締役社長から裁量権を付与され、取締役社長の包括的な指揮命令のもとに、経理部の業務を執行します。

　執行役員は、それぞれが担当部門を抱えています。担当部門を抱えていない執行役員は存在しません。

2 職務の特徴

 執行役員の職務は、どのような特徴を持っていますか。

Answer　「社長の包括的な指揮命令を受けること」
「重大な業務責任を負っていること」などの特徴があります。

解　説

　執行役員の職務の主な特徴は、次のとおりです。

1　社長の包括的な指揮命令

　執行役員の職務は、「特定の部門（本社の部、主要な事業所）の業務を執行すること」であり、「会社全体の業務の意思決定を行うこと」ではありません。経営計画の策定、他社との提携、重要な資産の取得、重要な財産の処分など、会社全体の業務の執行は、取締役会の決議に基づいて、取締役社長が行います。

　部門の業務執行は、会社全体の経営方針・経営計画に沿ったものでなければなりません。会社は、組織ですから、部門が独走することは許されません。

　執行役員は、取締役社長の包括的な指揮命令を受けて、担当部門の業務を執行することが必要です。

2　責任の重大性

　会社は、売上や利益などの面で優れた業績を上げることが求められています。業績を上げられなければ、市場の評価を受けることはできません。業績の向上は、会社にとってきわめて重要です。

　会社全体として業績を上げるためには、各部門がそれぞれ努力をして業績を上げる必要があります。各部門の業績が不振であるのに、会社全体の業績が良好であるということは決してあり得ません。

　執行役員は、部門運営の最高責任者です。したがって、その責任はきわめて重大です。

3　権限の大きさ

　執行役員制導入の大きな目的は、「意思決定の迅速化」、「経営の効率化」です。このような目的を達成するためには、執行役員に大きな権限を付与することが必要です。

　執行役員が、担当部門が置かれている状況、市場の環境変化などを総合的に判断し、その権限を適切に行使することにより、部門の業績の向上が図られます。

4　指導力と統率力

　執行役員は、役職者や一般の社員を指揮命令して、部門の業務を執行するという立場に立ちます。したがって、強い指導力と統率力が求められます。

5　豊かな業務経験

　どの業界も、他社との激しい競争に晒されています。そのような状況のもとで執行役員としての職務を遂行するためには、豊かな経験が要求されます。

3 担当職務の決定手続き

uestion　執行役員の担当職務は、どのよう
な手続きで決定するべきですか。

Answer　執行役員の担当職務は、取締役会において
決定するべきです。

解　説

1　取締役会での決定

　執行役員は、主要な部門の執行責任者です。その部門に属する社
員を指揮命令し、その部門の業務目標を達成するという重大な責任
を負っています。もしも部門の業務目標が達成できないことになる
と、会社全体の業績に好ましくない影響を与えることになります。

　したがって、誰にどの部門の業務を執行させるかは、会社にとっ
てきわめて重要なことがらです。その重要性は、一般の役職者の人
事とは比較になりません。このため、担当部門の決定は、取締役会
において決定するべきです。

　社長が、取締役会に諮ることなく執行役員の担当部門を決定し、
本人に命令するという独断的なやり方は、経営の健全性（コーポレ
ートガバナンス）という観点から見ると、大いに問題です。

2　本人への通知

　取締役会において執行役員の担当職務を決定したときは、速やか
に本人に通知します。通知の方法には、
　　・口頭で通知する
　　・書面で通知する（辞令の交付）
の2つがあります。
　執行役員として高い業績を上げることができるかどうか、会社の
期待に応えることができるかどうかは、本人の自覚によるところが
きわめて大きいといえます。本人が執行役員としての自覚と責任感
を意識し、業務に積極的・意欲的に取り組むことにより、高い業績
を収めることが可能となります。
　本人の自覚を高めるという観点からすると、「執行役員○○部長
に任ずる」「執行役員○○支店長に任ずる」という辞令を交付する
のがよいでしょう。

4 担当職務の変更

 **uestion**　執行役員の担当職務の変更については、どのように考えるべきですか。

Answer　経営環境の変化に応じて、適宜、担当職務の変更を命令するのがよい。

解　説

1　環境変化への対応

　経営を取り巻く環境は、常に変化します。会社は、環境変化に柔軟に対応することが必要です。変化への対応が適切でないと、経営に翳りが生じます。経営の足腰が弱くなります。また、会社としては、人材を少しでも有効に活用することが必要です。

　このため、必要に応じて、柔軟かつ迅速に、執行役員の担当職務の変更を行うことが望ましいのです。

2　職務変更の種類

　担当職務の変更には、

- ・現在の担当部門を外し、別の部門を担当させる（例えば、執行役員総務部長の職を解き、執行役員宣伝部長に任ずる）
- ・現在の担当部門に加え、新たに別の部門を兼任させる（例えば、

　執行役員総務部長に、宣伝部長を兼任させる）
などがあります。

3　職務変更の効果

　執行役員の担当職務の変更には、環境変化への対応に加え、
　・執行役員の視野を広げることができる
　・執行役員のマネジメント能力を拡大できる
　・組織に新風を吹き込むことができる
などの効果が期待できます。

4　変更の手続き

　担当職務の変更についても、取締役会の決定によって行うことが
必要です。

（参考）職務変更の辞令

年　　月　　日 執行役員＿＿＿＿＿殿 　　　　　　　　　　　　　　取締役社長＿＿＿＿＿印 　　　　　　　　　　　　辞令 総務部長を解く。 宣伝部長に任ずる。 　　　　　　　　　　　　　　　　　　　　　　　　以上

5　職務権限付与のポイント

Question　執行役員の職務権限は、どのような点に留意して決定するのがよいですか。

Answer　「部門の業務を責任を持って執行する」という点に留意して決定するのがよい。

解　説

1　幅広い権限の付与

　執行役員制度の本来の趣旨は、管理部門、事業部門の長に大きな職務権限を与え、自らの判断と裁量で、責任を持って担当部門の業務を執行させるところにあります。

　執行役員制度が成功するかどうか、執行役員が自らの使命を自覚して意欲的に行動するかどうかは、執行役員にどれだけの職務権限を付与するかによって決まるといえます。

　執行役員の職務権限は、「部門の業務執行の最高責任者」という性格に十分配慮して決定するべきです。部門の最高責任者であるという自信と責任感を意識し、業務を円滑に執行できるだけの職務権限を与えることが望ましいでしょう。

　執行役員制度を導入している会社の中には、表面的、対外的には、「執行役員に大きな権限を付与し、本人の裁量で担当業務を執行さ

せている」といいながら、実際には、権限をほとんど与えず、社長が細かいことまで決裁をしているところがあります。これでは、経営の効率化、意思決定の迅速化は実現しません。また、本人も、執行役員としての自覚、プライド、意欲を持つことはありません。

2　職務権限の範囲

　一般的にいえば、執行役員に対しては、次のような権限を与えることが望ましいといえます。
  ・担当部門の業務を統括する権限
  ・担当部門を代表する権限
  ・担当部門の業務の執行方針決定に参画する権限
  ・担当部門の事業計画および事業予算の決定に参画する権限
  ・担当部門の事業計画および事業予算を実施する権限
  ・部下の業務執行を監督する権限
  ・担当部門の組織および分掌の変更を立案し、取締役会に決済を求める権限
  ・担当部門の人員配置、異動を決定する権限
  ・担当部門において日常的に発生する事案を処理する権限
  ・担当部門内各課の業務の調整を行う権限

3　権限の見直し

　経営を取り巻く環境は、常に変化して止みません。
　権限の範囲を一度定めても、それに強くこだわることなく、経営を取り巻く環境の変化や会社で行われている業務内容の変化に応じて、随時、執行役員の権限の範囲が適正かどうか、その見直しを行うことが望まれます。

6　職務権限の範囲

Question　執行役員の職務権限の範囲は、具体的にどのように定めるのが合理的、現実的ですか。

Answer　執行役員の職務権限は、「担当部門の業務を統括する権限」「担当部門の事業計画・事業予算を実施する権限」などとします。

解　説

　執行役員の職務権限は、一般的には、次のように定めるのが適当といえます。

1　担当部門の業務を統括する権限

　執行役員は、それぞれ担当部門を持っています。担当部門の業務を円滑に執行させるため、担当部門を統括する権限を与えます。

　例えば、執行役員営業部長に対しては、営業部の業務を統括する権限を与え、執行役員経理部長に対しては、経理部の業務を統括する権限を付与します。

　執行役員に対し、担当部門を統括する権限を与えることは、執行役員制度を機能させる重要な条件です。

2　担当部門を代表する権限

　会社においては、特定の問題について各部門の代表者が協議したり、あるいは、社長などから会社全体の方針を聞いたりするということがしばしば生じます。このような場合には、部門の誰かがその部門を代表して出席しなければなりません。

　執行役員に対し、担当部門を代表する権限を与えます。執行役員は、担当部門の最高責任者であるから、担当部門を代表する権限を与えるのは、きわめて当然のことといえます。

3　担当部門の業務の執行方針を立案し、取締役会に決裁を求める権限

　どの部門も、一定の合理的な執行方針を立て、その方針に従って業務運営が行われることが必要です。合理的・整合的な執行方針が立てられていないと、業務の運営の効率性・生産性が悪くなります。

　執行役員に対し、

　・担当部門の業務の執行方針を立案する権限

　・立案した執行方針を取締役会に決裁を求める権限

を与えます。

　なお、取締役会では、執行役員が策定した執行方針が合理的なものかどうか、会社全体の経営方針と合致しているかどうかを十分にチェックします。

4　担当部門の事業計画および事業予算を立案し、取締役会に決裁を求める権限

　どの部門も、半期あるいは1年の事業計画および事業予算を立て、それに基づいて業務を遂行していくことが必要です。事業計画および事業予算は、経営を取り巻く環境に即して、合理的・現実的・具

体的に策定されなければなりません。

　執行役員に対し、

・担当部門の事業計画および事業予算を立案する権限

・立案した事業計画および事業予算を取締役会に決裁を求める権限

を与えます。

5　担当部門の事業計画・事業予算を実施する権限

　部門の事業計画および事業予算が取締役会で承認されたときは、効率的・効果的に実施されることが必要です。経営を取り巻く環境は複雑で、他社との競争は激しいので、事業計画・事業予算の実施は容易ではありません。

　執行役員に対し、担当部門の事業計画・事業予算を実施する権限を与えます。

6　担当部門の事業計画・事業予算の実施について、部下を指揮命令する権限

　どの部門にも、その部門の業務の内容や量に応じて一定の社員が配属されています。社員の人数が多い部門もあれば、それほど多くない部門もあります。部門の事業計画・事業予算は、社員の働きによって達成されます。

　執行役員に対し、担当部門の事業計画・事業予算の実施について、部下を指揮命令する権限を与えます。

7　自己の職務権限を部下に代行させる権限

　執行役員は、与えられた権限を自分の責任で行使することが原則です。しかし、業務の効率的な遂行、環境変化への迅速な対応、部下の人材育成のためには、自己の権限の一部を部下に代行させたほ

うがよい場面もあります。

このため、執行役員に対し、自己の職務権限を部下に代行させる権限を与えます。ただし、代行させても、その責任は執行役員が負うものとします。

8　部下に指揮命令した事項、代行させた事項について、報告を求める権限

執行役員に対し、部下に指揮命令した事項、代行させた事項について、報告を求める権限を与えます。

9　部下の業務遂行を監督する権限

執行役員は、担当部門の業務計画・業務目標を達成するために、部下に仕事を指示命令します。この場合、大事なことは、執行役員が指示命令した仕事が適切に行われているかどうかを監督することです。

このため、執行役員に対し、部下の業務遂行を監督する権限を与えるものとします。

10　担当部門の組織および分掌の変更を立案し、取締役会に決裁を求める権限

会社は、経営を効率的、効果的に行うため、部、課、係、班などの組織を設け、組織ごとにその業務分掌を決めています。チームやグループという名称で組織編成を行っている会社もあります。

会社は、業務の実態に即して組織編成を決めるわけですが、一度決定した組織とその業務分掌が常にベストであるとはいえません。組織とその業務分掌は、経営環境の変化に応じて、その見直しを行うことも必要です。

このため、執行役員に対し、担当部門の組織および分掌の変更を

立案し、取締役会に決裁を求める権限を与えます。

11　担当部門における人員配置、異動を決定する権限

　部、課、係、班には、その業務を遂行するために、それぞれ一定の社員が配置されています。しかし、一度決めた人員配置が常にベストであるという保証はありません。環境の変化に伴って、適正配置が崩れる可能性があります。人員配置が不適切であると、

　・業務の生産性が低下する

　・仕事の質が落ちる

　・人件費が上昇する

など、さまざまな支障が生じます。

　人員配置は、経営環境の変化に対応して、その見直しを行うことが望まれます。

　このため、執行役員に対し、担当部門における人員配置、異動を決定する権限を与えることにします。

12　部下に時間外勤務、休日勤務、出張を命令する権限

　担当部門の業務を効率的に遂行するためには、必要に応じて、部下に時間外勤務、休日勤務、出張を命令することが必要です。このため、執行役員に対し、部下に時間外勤務、休日勤務、出張を命令する権限を与えるべきです。

13　部下の人事考課を行う権限

　会社は、社員の人事管理（配置、配置転換、昇給、賞与の支給、昇進、昇格等）を行っていくうえで、人事考課を行うことが望ましいといえます。人事考課をいっさい行うことなく、人事管理に当たるというのは、合理的とはいえません。

　このため、部門の最高責任者である執行役員に対し、部下の人事

考課を行う権限を与えることにするのが適切です。

14　部下の昇進を社長に推薦する権限

どの会社も、「人材の適正配置を実現する」「社員の勤労意欲を向上させる」「会社の競争力の強化を図る」などの目的で、昇進制度を実施しています。執行役員は、部門の業務の最高責任者であるという立場上、誰を昇進させるべきかについての情報を最もよく知ることができます。

このため、執行役員に対し、部下の昇進を社長に推薦する権限を与えます。

15　部下の賞罰を社長に上申する権限

職場においては、一定の規律が保たれることが必要です。規律が保たれないと、

・業務の生産性が低下する
・仕事の質が落ちる
・仕事の指示命令が徹底されない
・重要な情報が外部に流出する

など、さまざまな支障が生じます。

執行役員は、部門の業務の最高責任者であるという立場上、社員の行動、勤務態度についての情報を最もよく知ることができます。

このため、執行役員に対し、部下の賞罰を社長に上申する権限を与えます。

16　1件当たり○万円以下の経費を支出する権限

業務を遂行するためには、さまざまな名目で金銭を支出することが必要となります。文房具の購入にも、新聞や雑誌の購読にも、金銭の支出が必要です。この場合、すべての支出について、社長や役

員の決裁を得なければならないことにすると、業務の効率が著しく低下します。

　担当部門の業務を効率的に遂行させるためには、一定金額以下の支出については、その権限を執行役員に付与するのがよいでしょう。

　なお、執行役員について、専務執行役員、常務執行役員、執行役員というように階層を設けているときは、階層ごとに金額を決めます。例えば、専務執行役員30万円以下、常務執行役員20万円以下、執行役員10万円以下とします。

17　1件当たり○万円以下の交際費を支出する権限

　業務を円滑に遂行するうえで、多くの場合、交際費を支出することが必要となります。この場合に、金額の多少にかかわらず、すべての交際費支出について、社長や役員の決裁を得なければならないことにすると、必要なときに必要な額の交際費を支出することが困難となり、業務の運営に支障が生じるおそれがあります。

　担当部門の業務を効率的に遂行させるためには、一定金額以下の交際費の支出権限を執行役員に付与するのがよいでしょう。

　なお、執行役員について、専務執行役員、常務執行役員、執行役員といった階層を設けているときは、階層ごとに金額を決めます。

18　1件当たり○万円以下の取引先慶弔見舞金を支出する権限

　業務を円滑に遂行するうえで、多くの場合、取引先に対し慶弔見舞金を支出することが必要となります。

　担当部門の業務を効率的に遂行させるためには、一定金額以下の慶弔見舞金の支出権限を執行役員に付与するのがよいでしょう。

　なお、執行役員について、専務執行役員、常務執行役員、執行役員といった階層を設けているときは、階層ごとに金額を決めます。

19　担当部門において日常的に生じる事案を処理する権限

どの部門においても、日常的にさまざまな事案が生じます。「明日は、年休を取得して休みたい」という申請が出されることもあれば、外部から問い合わせの電話が入ることもあります。また、他の部門から「会議を開きたいので、誰か代表者を出席させて欲しい」という要請が出されることもあります。

日常的に生じる事案に対しては、迅速・的確に対応することが必要です。このため、執行役員に対し、担当部門において日常的に生じる事案を処理する権限を与えます。

20　担当部門内各課の業務の調整を行う権限

一般に部門の中には、いくつかの課が置かれています。2つ以上の課が置かれている場合には、課同士の間で調整を要する問題が生じることがあります。課の間の調整は、部外者にとっては関係のない問題ですが、当事者にとってはきわめて重要な問題です。

部門の最高責任者である執行役員に対し、担当部門内各課の業務の調整を行う権限を与えます。

21　他部門との業務の調整を行う権限

一般に会社には、2つ以上の部門が置かれています。会社の規模が大きくなればなるほど、部門の数も多くなります。そこで、他の部門との間で問題が生じることもあります。

このような場合には、部門を代表する者が出て、他の部門との間で折衝、交渉を行うことが必要です。

このため、執行役員に対し、他部門との業務の調整を行う権限を与えます。

7　執行役員営業部長の職務権限

 uestion　執行役員営業部長の場合、その職務権限はどのようになりますか。

Answer　「営業部の業務を統括する権限」「営業部の事業計画・事業予算を実施する権限」などとします。

解　説

　職務権限の内容を、例えば、「執行役員営業部長」についてみると、次のとおりです。

1　営業部の業務を統括すること

2　営業部を代表すること

3　営業部の業務の執行方針を立案し、取締役会に決裁を求めること

4　営業部の事業計画および事業予算を立案し、取締役会に決裁を求めること

5　営業部の事業計画および事業予算を実施すること

6　営業部の事業計画および事業予算の実施について、部下を指揮命令すること

7　自己の職務権限を部下に代行させること

8　部下に指揮命令した事項、代行させた事項について、報告を求めること

9　部下の業務遂行を監督すること

10　営業部の組織および分掌の変更を立案し、取締役会に決裁を求めること

11　営業部における人員配置、異動を決定すること

12　部下に時間外勤務、休日勤務、出張を命令すること

13　部下の人事考課を行うこと

14　部下の昇進を社長に推薦すること

15　部下の賞罰を社長に上申すること

16　1件当たり〇万円以下の経費を支出すること

17　1件当たり〇万円以下の交際費を支出すること

18　1件当たり〇万円以下の取引先慶弔見舞金を支出すること

19　営業部において日常的に生じる事案を処理すること

20　営業部内各課の業務の調整を行うこと

21　他部門との業務の調整を行うこと

22　その他前各号に準ずること

23　取締役会において特別に認められたこと

8 執行役員支店長の職務権限

uestion 執行役員支店長の場合、その職務権限はどのようになりますか。

Answer 「支店の業務を統括する権限」「支店の事業計画・事業予算を実施する権限」などとします。

解　説

　会社の営業範囲がある程度大きくなると、本社だけでは営業業務を効率的に行うことが困難となるため、支店が設置されます。

　東京支店長、大阪支店長、名古屋支店長などを兼務する「執行役員支店長」の職務権限の内容を示すと、次のとおりです。

1　支店の業務を統括すること

2　支店を代表すること

3　支店の業務の執行方針を立案し、取締役会に決裁を求めること

4　支店の営業計画および営業予算を立案し、取締役会に決裁を求めること

5　支店の営業計画および営業予算を実施すること

6　支店の営業計画および営業予算の実施について、部下を指揮命令すること

7　自己の職務権限を部下に代行させること

8　部下に指揮命令した事項、代行させた事項について、報告を求めること

9　部下の業務遂行を監督すること

10　支店の組織および分掌の変更を立案し、取締役会に決裁を求めること

11　支店における人員配置、異動を決定すること

12　支店所属の社員に時間外勤務、休日勤務、出張を命令すること

13　支店所属の社員の人事考課を行うこと

14　支店所属の社員の昇進を社長に推薦すること

15　支店所属の社員の賞罰を社長に上申すること

16　1件当たり○万円以下の経費を支出すること

17　1件当たり○万円以下の交際費を支出すること

18　1件当たり○万円以下の取引先慶弔見舞金を支出すること

19　支店において日常的に生じる事案を処理すること

20　支店内各課の業務の調整を行うこと

21　本社および他支店との業務の調整を行うこと

22　その他前各号に準ずること

23　取締役会において特別に認められたこと

9　執行役員工場長の職務権限

Question　執行役員工場長に対しては、具体的に、どのような職務権限を付与するのが合理的・現実的ですか。

Answer　「工場の業務を統括する権限」「工場の事業計画・事業予算を実施する権限」などを付与するのが合理的・現実的です。

解　説

　メーカーの場合には、経営において工場が果す役割がきわめて大きくなります。工場において、品質的に優れた商品を、少しでも安く、少しでも短期間で生産することが、競争力と業績向上の源泉となります。

　工場の最高責任者である執行役員工場長に対しては、次のような権限を付与することが望ましいといえます。

1　工場の業務を統括すること
2　対外的に工場を代表すること
3　工場の業務の執行方針を立案し、取締役会に決裁を求めること
4　工場の生産計画および生産予算を立案し、取締役会に決裁を求めること
5　工場の生産計画および生産予算を実施すること
6　工場の生産計画および生産予算の実施について、部下を指揮命

　　令すること

7　自己の職務権限を部下に代行させること

8　部下に指揮命令した事項、代行させた事項について、報告を求めること

9　部下の業務遂行を監督すること

10　工場の組織および分掌の変更を立案し、取締役会に決裁を求めること

11　工場における人員配置、異動を決定すること

12　工場所属の社員に時間外勤務、休日勤務、出張を命令すること

13　工場所属の社員の人事考課を行うこと

14　工場所属の社員の昇進を社長に推薦すること

15　工場所属の社員の賞罰を社長に上申すること

16　1件当たり〇万円以下の経費を支出すること

17　1件当たり〇万円以下の交際費を支出すること

18　1件当たり〇万円以下の取引先慶弔見舞金を支出すること

19　工場において日常的に生じる事案を処理すること

20　工場内各課の業務の調整を行うこと

21　本社および他事業所との業務の調整を行うこと

22　その他前各号に準ずること

23　取締役会において特別に認められたこと

10 権限行使の心得

Question　執行役員に対し、自らの職務権限を行使するに当たって、どのようなことに留意するよう周知するべきですか。

Answer　「会社の利益のために行使すること」「必要に応じて、部下に代行させること」などに留意するよう指導するべきです。

解　説

　執行役員に対し、「自らの職務権限を行使するに当たっては、次の点に十分留意すること」を周知徹底するべきです。

1　会社の利益のために行使する

　執行役員の職務権限は、執行役員としての職務を円滑に遂行するために与えられているものです。したがって、「業務の円滑な遂行」「会社の利益」のために、適切かつ有効に行使されることが必要です。

　いかなる事情があっても、自らの個人的な利益を図るために職務権限を行使するようなことがあってはなりません。

2　必要に応じて部下に権限を代行させる

　執行役員に対しては、幅広い権限が付与されていますが、その権

限のすべてを自らが行使することが常に最善の策であるとはいえません。人間の能力には、おのずから一定の限界があるからです。

　担当部門の業務を円滑に執行し、業務の効率化を図るという観点からすると、必要に応じて、自らの職務権限の一部を部下に代行させるのがよいでしょう。

　なお、部下に職務権限を代行させたときは、代行させた権限が適切かつ有効に行使されているかを監督するべきです。代行を命令するだけで、その後の監督はいっさい行わないというのは感心できません。

　また、部下に代行させた職務権限が適切に行使されなかったときは、執行役員がその責任を負わなければなりません。

3　他の執行役員の権限を侵害しない

　執行役員には、それぞれ権限が与えられています。他の執行役員の職務権限を侵害してはなりません。

4　権限の行使状況を社長に報告する

　社長は、執行役員の業務執行を監督する責任を負っています。このため、執行役員は、職務権限の行使状況を適宜適切に社長に報告するべきです。

5　緊急時には柔軟に対応する

　会社においては、いつ、どのようなことが発生するか分かりません。執行役員は、平時には自らの職務権限の範囲を超えるべきではありませんが、緊急やむを得ない事情があるときは、その限りではないでしょう。職務権限を有しない事項についても臨機の措置を講ずることが望まれます。

11 予算の執行

Question　部門の予算の執行については、全面的に執行役員の裁量に委ねるべきですか、それとも、一定の制約を設けるべきですか。

Answer　予算の公正な支出を確保するため、一定金額以上の支出については、社長の許可制にするべきです。

解　説

1　予算制度の趣旨

　会社の経営は、合理的・効率的・計画的に行われることが必要です。経営を合理的・効率的・計画的に行っていくために、多くの会社は、予算制度を採用しています。部門ごとに、その部門の業務の内容や量を基準として、一定の年度予算を決め、その予算の枠の中で部門の業務を遂行するように指示しています。

　予算制度は、経営の合理性・効率性・計画性を確保するための重要な制度です。

　担当部門の最高責任者である執行役員は、担当部門の予算を有効に活用して業務を遂行することが求められています。決められた予算を効果的に支出して担当部門の業務目標を達成することは、執行役員の重要な責務です。予算の執行において、不正や無駄があって

はなりません。

2　執行役員の決裁の範囲

　予算の支出については、
　　・すべて執行役員の裁量に委ねる
　　・一定金額を超えるときは、社長決裁を必要とする
の2つがあります。

　執行役員制度の趣旨からすると、できる限り執行役員の裁量に委ねることにするのがよいでしょう。しかし、予算の支出を担当部門の執行役員に全面的に任せるというのが最善の選択であるとは限りません。

　会社全体の予算の適切な執行の確保という観点からすると、1件当たりの支出金額が一定額を超えるものについては、あらかじめ社長の許可を受けることにするのがよいでしょう。

3　役位ごとの支出権限

　執行役員について、専務執行役員、常務執行役員、執行役員というように役位を設ける場合には、役位制度の趣旨から判断して、役位ごとに支出権限を決めるのが合理的です。

12 予算支出の許可事項

Question 　一定金額以上の支出については社長の許可制とする場合、どのような事項を許可の対象とするべきでしょうか。

Answer 　支出目的、支出金額、支出先などを許可の対象とします。

解　説

1　許可事項

　1件当たりの支出が一定額を超えるときは、あらかじめ次の事項について、社長の許可を受けなければならないことにします。

　支出目的／支出金額／支出先／支出年月日／その他必要事項

2　記録の義務

　予算制度の公正さを確保するため、執行役員に対し、予算を支出したときは、次の事項を正確に記録しておくことを義務付けます。

　予算の費目／支出目的／支出金額／支出先／支出年月日

3　執行状況の報告義務

　執行役員に対し、担当部門の予算の執行状況を取締役社長に適宜適切に報告することを義務付けます。

様式⑴　予算支出伺い

年　　月　　日

取締役社長殿

（執行役員）＿＿＿＿＿

＿＿＿＿＿＿＿＿＿＿＿＿＿予算支出伺い

次のとおり予算を支出したいので許可願います。

(1)　支出目的	
(2)　支出金額	
(3)　支出先	
(4)　支出年月日	年　　月　　日
(5)　その他	

様式⑵　予算支出報告書

年　　月　　日

取締役社長殿

（執行役員）＿＿＿＿＿

予算支出報告書（　年　月）

費目	予算額 (A)	当月支出額	支出累計額 (B)	予算執行率 (B)／(A)

特記事項	

13 予算の超過

uestion　予算の超過については、どのように対応すべきですか。

Answer　予算を超過するときは、「超過する費目」「超過する金額」「超過して支出する必要性」などを社長に申し出て、その許可を受けさせることにします。

解　説

1　予算超過の場合の手続き

執行役員は、あらかじめ決定された予算の枠を守って担当部門の業務を執行することが求められます。しかし、実際には、予算を超過して支出することが必要な場合も生じます。

やむを得ない事情によって予算を超過するときは、あらかじめ次の事項を社長に申し出て、その許可を受けなければならないことにします。

超過する費目／超過する金額／超過して支出する必要性／支出年月日／支出先

2　予算流用の場合の手続き

執行役員に対し、予算の流用を禁止します。やむを得ない事情によって予算を流用するときは、あらかじめ次の事項を社長に申し出

て、その許可を受けなければならないことにします。

　流用する費目／流用する金額／流用する理由／支出する費目／支出年月日

3　決算報告

　執行役員に対し、決算年度が終了したときは、担当部門の予算の執行結果を正確、かつ、迅速に社長に報告することを義務付けます。

様式　決算報告書

　　　　　　　　　　　　　　　　　　　　　　年　　月　　日

　取締役社長殿

　　　　　　　　　　　　　　　　（執行役員）＿＿＿＿＿＿＿

　　　　　　　　決算報告書（平成　　年度）

費目	予算額 （A）	支出額 （B）	過不足額 （A）−（B）	予算執行率 （B）／（A）

特記事項	

第6章　執行役員の業務目標

1 業務目標設定の目的

Question　執行役員に対し、担当部門の業績向上に責任を持たせるにはどうすればよいでしょうか。

Answer　一人ひとりについて業務目標を設定させるのがよいでしょう。

解　説

1　業務目標設定の目的

　執行役員は、部、支店、営業所、工場、研究所等の最高責任者です。

　執行役員一人ひとりが、業務に計画的に取り組み、自らの担当部門の業績を向上させることにより、会社全体の業績の向上が図られます。

　現在、経営を取り巻く環境には大変厳しいものがあります。また、どの業界においても、日夜激しい競争が行われています。売上や利益の増大、市場占有率の拡大は、決して容易なことではありません。

　このような状況の中で会社全体の業績を向上させるための現実的・効果的な方策は、執行役員一人ひとりについて、年度の業務目標を個別的・具体的に設定させ、その目標の完全達成に向けて努力させることです。

執行役員全員が自らの使命と責任を自覚し、業務に積極的・意欲的に取り組み、業務目標を責任を持って達成することにより、会社全体の業績が向上します。

2 業務目標制度の効果

執行役員業務目標制度は、部門の業績向上を期待できるという効果のほか、次のような効果も期待できます。
・経営方針、経営計画を具体化できる
・目標の達成度を処遇に反映させることにより、執行役員人事の成果主義化を図れる
・組織の活性化を図れる

3 業務目標の設定義務

執行役員制度を導入したときは、執行役員に対し、毎年度、担当部門について、業務目標を設定し、社長に提出することを義務付けるのがよいでしょう。

例えば、執行役員営業部長に対しては、年度の営業目標を具体的に設定させ、社長に提出させます。

また、執行役員工場長に対しては、年度の生産計画を具体的に設定させ、社長に提出させます。

2 業務目標設定の手順

Question 執行役員の業務目標は、どのような手順で作成させるのが合理的・現実的ですか。

Answer 会社全体の経営計画を十分踏まえて作成させるべきです。

解　説

1　経営計画の提示

　部門の業務計画は、会社全体の経営計画・経営方針に沿ったものでなければなりません。このため、はじめに、社長から

　・来年度は、売上を○○○億円にしたい

　・来年度は、○○億円の営業利益を確保したい

という形で、会社全体の経営計画・経営方針を具体的に示します。

　そして、会社全体の経営計画・経営方針を十分に踏まえて部門の業務目標を具体的に設定するよう指示します。

2　内容の確認

　社長は、執行役員から提出された部門の業務目標について、

　・会社全体の経営計画・経営方針を十分に踏まえて具体的に作成
　　されているか

・実現可能性があるか。過大あるいは過小でないか

・目標達成のための方策が示されているか

をチェックします。

　執行役員の業務目標は、会社の業績を左右するきわめて重要なものです。このため、社長は、必要に応じて執行役員に対し、業務目標の修正を求めるものとします。

3　目標達成の指示

　社長は、執行役員の業務目標を承認したときは、「目標の達成に向けて最大限の努力をするように」と指示します。

4　年度中の目標変更

　現代は、変化が激しい時代です。変化に対しては、柔軟に対応することが必要です。

　執行役員に対し、年度の途中においてビジネス環境が大きく変化したときは、業務目標を変更し、これを社長に提出することを義務付けます。

5　目標達成の努力

　当然のことですが、業務目標は、「設定すること」にその意義があるわけではありません。「達成すること」にこそ、その意義があります。

　執行役員に対し、部下を適切に指揮命令し、業務目標の完全達成に向けて最大限の努力をすることを求めます。

6　経過報告

　執行役員に対し、業務目標の達成状況を社長に適宜的確に報告することを義務付けます。

3　処遇への反映

uestion　業務目標の達成結果は、どのような処遇に反映させるのがよいですか。

Answer　再任の可否、役位の昇格、取締役への登用、報酬および賞与に反映させるのがよい。

解　説

　会社は、執行役員一人ひとりについて、業務目標の達成結果とそのための努力を公正に評価し、次のものに反映させるのがよいでしょう。

1　再任の可否

　執行役員については、あらかじめ一定の任期を設けて任命するのが一般的です。任期を設ける大きな目的は、業績の良くない執行役員が長くそのポストに留まるのを防止することです。

　執行役員は、経営の第一線の最高責任者ですから、業績の良くない執行役員が長くそのポストに留まると、経営に著しい支障が生じます。会社全体の業績が大きく落ち込むことになります。

　また、部下も、そのような人物を執行役員として任用しつづける会社の方針に不信感を募らせ、勤労意欲を低下させます。

　会社は、執行役員一人ひとりについて、業務目標の達成結果とそ

のための努力を公正に評価し、再任可否の決定に反映させます。執行役員の全員が「再任」を意識して業務に積極的・意欲的に取り組むことにより、担当部門全体に活力がみなぎります。

　また、部下も、最高責任者である執行役員の仕事振りに触発されて、仕事に精励するようになります。

2　役位の昇格

　執行役員について、役位（専務執行役員、常務執行役員、執行役員）を設けている会社の場合には、業績評価を役位の昇格に反映させます。

3　取締役への登用

　取締役は、経営の最高責任者です。このため、経営能力に優れた者を登用することが求められます。

　執行役員として優れた業績を収めた者を取締役に登用することは、会社が成長発展するための重要な条件です。

4　報酬

　報酬は、執行役員の重要な関心事項です。業績評価を報酬に反映させることにより、執行役員の動機付けを図ります。

5　賞与

　業績評価を賞与に適切に反映させることにより、業績を上げた執行役員に報いると同時に、さらなる動機付けを図ります。

4　営業部門担当執行役員の業務目標

Question　営業部門担当執行役員の業務目標には、どのような事項を盛り込むのが合理的・現実的ですか。

Answer　売上、営業利益、代金回収率などを盛り込むのがよい。

解　説

　営業部門担当執行役員の業務目標には、次のような事項を盛り込むのがよいでしょう。

1　売上

　営業部門の大きな役割は、売上の増大です。売上こそは、会社の成長発展の条件です。したがって、「年間○○億円を売り上げる」という形で、売上を目標に掲げます。

2　営業利益

　いくら売上が多くても、利益を上げることができなければ、会社の経営は成立しません。このため、「年間○億円の営業利益を上げる」という形で、営業利益を目標に掲げます。

3　部門1人当たり売上

　営業部門に属する社員1人当たりの売上を業務目標に掲げることも重要です。

4　部門1人当たり営業利益

　営業部門に属する社員1人当たりの営業利益を業務目標に掲げることも重要です。

5　代金回収率

　いくら売上が多くても、代金を回収できなければ、会社の経営は成立しません。このため、代金回収率を業務目標に掲げます。

様式　執行役員目標設定シート（営業部門担当の場合）

年　　月　　日

取締役社長殿

執行役員＿＿＿＿＿

年度業務目標シート

	目標の具体的な内容	目標達成のための手段、方策	備考
(1)　売上			
(2)　営業利益			
(3)　部門1人当たり売上			
(4)　部門1人当たり営業利益			
(5)　代金回収率			

（注）経営方針、経営計画を十分に踏まえて設定すること。

5　店頭販売部門担当執行役員の業務目標

Question　店頭販売部門担当執行役員の業務目標には、どのような事項を盛り込むのが合理的・現実的ですか。

Answer　売上、販売利益、販売経費などを盛り込むのがよい。

解　説

　店頭販売部門担当執行役員の業務目標には、次のような事項を盛り込むのがよいでしょう。

1　売上

　小売業の場合、経営の中心である店頭販売部門の大きな役割は、来店する一般消費者に対する販売の増大です。販売こそは、小売業の成長発展の条件です。そこで、年間販売高を目標に掲げ、その完全達成に向けて努力させます。

2　販売経費

　執行役員としては、販売経費を少しでも削減し、販売利益を増加させることが必要です。

3　販売利益

販売利益の確保を業務目標の１つに掲げます。

4　販売利益／売上

「薄利多売」という言葉があるが、経営的には、販売利益率（売上に対する販売利益の割合）が高いほうが望ましいといえます。そこで、販売利益率を業務目標に掲げます。

5　客１人当たり購入金額

客１人当たりの購入金額を業務目標に掲げ、その達成に努めるよう求めます。

様式　執行役員目標設定シート（店頭販売部門担当の場合）

		年　　月　　日
取締役社長殿		
		執行役員＿＿＿＿＿

年度業務目標シート

	目標の具体的な内容	目標達成のための手段、方策	備考
(1)　売上			
(2)　販売経費			
(3)　販売利益			
(4)　販売利益／売上			
(5)　客１人当たり購入高			

（注）経営方針、経営計画を十分に踏まえて設定すること。

6 生産部門担当執行役員の業務目標

Question　生産部門担当執行役員の業務目標には、どのような事項を盛り込むのが合理的・現実的ですか。

Answer　生産数量、生産コスト、生産品の質などを盛り込むのがよい。

解　説

生産部門担当執行役員の業務目標には、次のような事項を盛り込むのがよいでしょう。

1　生産数量

生産部門の任務は、取引先や消費者に販売する商品を生産することです。このため、一定量以上の商品を確実に生産することを求めます。

2　部門1人当たりの生産数量

「部門1人当たりの生産数量」は、生産性を示す重要な指標です。このため、1人当たりの生産数量も業務目標に掲げるのが合理的です。

3　生産コスト

執行役員に対し、生産コストの削減に努めるよう指示します。

4　生産品の質（不良品発生率）

　品質の優れた商品を取引先や消費者に提供することは、メーカーの重要な使命です。このため、品質管理・検査方法に創意工夫し、不良品の発生率を最小限にとどめるよう指示します。

5　生産方式の改善、革新

　生産方式の改善、革新を業務目標とすることは、きわめて重要です。

様式　執行役員目標設定シート（生産部門担当の場合）

年　月　日

取締役社長殿

執行役員＿＿＿＿＿

年度業務目標シート

	目標の具体的な内容	目標達成のための手段、方策	備考
(1)　生産数量			
(2)　部門1人当たり生産数量			
(3)　生産コスト			
(4)　生産品の質（不良品発生率）			
(5)　生産方式の改善、革新			

（注）経営方針、経営計画を十分に踏まえて設定すること。

7 商品開発部門担当執行役員の業務目標

Question　商品開発部門担当執行役員の業務目標には、どのような事項を盛り込むのが合理的・現実的ですか。

Answer　商品開発点数、商品開発コスト、商品開発効果などを盛り込むのがよい。

解　説

商品開発部門担当執行役員の業務目標には、次のような事項を盛り込むのがよいでしょう。

1　商品開発点数

商品開発は、容易なことではありません。コストを投入すれば必ず新商品を開発できるというものではないのです。このため、商品開発点数を業務目標にかかげます。

2　商品開発コスト

できる限り少ないコストで新商品を開発することを求めます。

3　商品開発期間

魅力的な新商品を短い期間で開発することは相当に困難ではありますが、できる限り短い期間で新商品を開発することを求めます。

4　商品開発効果（新商品の売上金額）

新商品の売上金額を業務目標として設定します。

5　商品開発コスト／新商品売上

新商品売上金額に対する商品開発コストの割合を業務目標の1つとして設定します。

様式　執行役員目標設定シート（商品開発部門担当の場合）

年　　月　　日

取締役社長殿

執行役員_____

年度業務目標シート

	目標の具体的な内容	目標達成のための手段、方策	備考
(1)　商品開発点数			
(2)　商品開発コスト			
(3)　商品開発期間			
(4)　商品開発効果（新商品の売上金額）			
(5)　商品開発コスト／新商品売上			

（注）経営方針、経営計画を十分に踏まえて設定すること。

8　研究部門担当執行役員の業務目標

Question　研究部門担当執行役員の業務目標には、どのような事項を盛り込むのが合理的・現実的ですか。

Answer　研究の経費・コスト、研究の効率化・迅速化、人材の育成などを盛り込むのがよい。

解　説

研究部門担当執行役員の業務目標には、次のような事項を盛り込むのがよいでしょう。

1　研究の範囲・対象

はじめに、会社の置かれている状況や経営戦略などを踏まえて、重点的に取り組む研究の範囲・対象を明確にします。

2　研究の経費・コスト

研究の経費・コストについて具体的な目標を設定させ、その範囲内で研究を行うように求めます。

3　研究の効率化・迅速化

研究の効率化・迅速化に創意工夫を払うように強く求めます。

4　特許権の獲得

特許権の獲得について、一定の業務目標を設定します。

5　人材の育成

研究活動には、人材が重要です。人材の育成に計画的・積極的に取り組むことを求めます。

様式　執行役員目標設定シート（研究部門担当の場合）

		年　　月　　日	
取締役社長殿			
		執行役員＿＿＿＿＿	
	年度業務目標シート		

	目標の具体的な内容	目標達成のための手段、方策	備考
(1)　研究の範囲・対象			
(2)　研究の経費・コスト			
(3)　研究の効率化・迅速化			
(4)　特許権の獲得			
(5)　人材の育成			
（注）経営方針、経営計画を十分に踏まえて設定すること。			

9　経理部門担当執行役員の業務目標

Question　経理部門担当執行役員の業務目標には、どのような事項を盛り込むのが合理的・現実的ですか。

Answer　資金繰り、資金運用、決算処理期間などを盛り込むのがよい。

解　説

　経理部門担当執行役員の業務目標には、次のような事項を盛り込むのがよいでしょう。

1　資金繰り

　経営を安定的に進めていくうえで、資金繰りはきわめて重要です。このため、円滑な資金計画を立て、それを実行することを求めます。

2　資金運用

　資金的にゆとりのある会社では、資金運用を業務目標に加えます。

3　決算処理期間

　会社は、少しでも早く正確な決算を行うことが必要です。このため、1 日でも早く正確な決算を行うことを求めます。

4　経理事務の経費・コスト

創意工夫を図ることにより、経理事務に要する経費の最小化に努めることを求めます。

5　決算情報の提供

株主などのステークホルダー（利害関係者）に対して、決算情報を正確・迅速、かつ分かりやすく提供することは、コーポレートガバナンスの重要な条件です。このため、決算情報の正確・迅速・分かりやすい提供に、創意工夫を図るように求めます。

様式　執行役員目標設定シート（経理部門担当の場合）

年　　月　　日

取締役社長殿

執行役員＿＿＿＿＿＿

年度業務目標シート

	目標の具体的な内容	目標達成のための手段、方策	備考
(1)　資金繰り			
(2)　資金運用			
(3)　決算処理期間			
(4)　経理事務の経費・コスト			
(5)　決算情報の提供			

（注）経営方針、経営計画を十分に踏まえて設定すること。

10 人事部門担当執行役員の業務目標

Question 　人事部門担当執行役員の業務目標には、どのような事項を盛り込むのが合理的・現実的ですか。

Answer 　人材の募集・採用、総額人件費、人材の育成などを盛り込むのがよい。

解　説

人事部門担当執行役員の業務目標には、次のような事項を盛り込むのがよいでしょう。

1　人材の募集・採用

能力と意欲に優れた人材の募集・採用は、会社が継続的・安定的に成長発展するための有用な条件です。このため、募集・採用を業務目標とします。

2　総額人件費

会社全体の経費において、人件費の占める割合はきわめて大きい。このため、総額人件費を合理的に管理することを求めます。

3　人材の育成

人材の育成と能力開発に計画的・体系的に取り組むことを、業務

目標として設定します。

4 労使関係

　労使関係の安定の重要性は、いくら強調しても強調しすぎることはありません。このため、労使関係の安定、労使の信頼関係の維持に取り組むことを強く求めます。

5 人事・給与制度の改革

　時代の流れ、社員の価値観の変化に対応して、人事制度・給与制度の改革に前向きに対処することを求めます。

様式　執行役員目標設定シート（人事部門担当の場合）

　　　　　　　　　　　　　　　　　　　　　　　　年　　月　　日

　取締役社長殿

　　　　　　　　　　　　　　　　　　　　　執行役員＿＿＿＿＿＿＿

年度業務目標シート

	目標の具体的な内容	目標達成のための手段、方策	備考
(1)　人材の募集・採用			
(2)　総額人件費			
(3)　人材の育成			
(4)　労使関係			
(5)　人事・給与制度の改革			

（注）経営方針、経営計画を十分に踏まえて設定すること。

11 総務部門担当執行役員の業務目標

Question　総務部門担当執行役員の業務目標には、どのような事項を盛り込むのが合理的・現実的ですか。

Answer　総務関係業務の改善、総務関係経費、安全・危機管理などを盛り込むのがよい。

解　説

　総務部門担当執行役員の業務目標には、次のような事項を盛り込むのがよいでしょう。

1　総務関係業務の改善

　総務の業務は、一般に、文書管理、印鑑管理、受付、秘書業務、贈答、慶弔、用度品の購入・管理、社用自動車の管理・事故対策、警備・保安、株主総会開催、役員会開催など、実に多岐にわたります。これらの業務について、その改善を業務目標に設定します。

2　総務関係経費

　総務関係の業務に要する経費の最小化に努めることを求めます。

3　会議・組織・委員会の運営

　会議の改善、組織や委員会の見直しに取り組むことも、総務担当

執行役員の重要な業務といえます。

4　安全・危機管理

安全確保、危機防止にどのように取り組むかを目標に設定します。

5　社外広報

社外に会社の経営情報を提供したり、あるいは会社に対する社外の意見や要望を吸収することも、総務の重要な業務です。これらの業務への取り組み目標を設定させます。

様式　執行役員目標設定シート（総務部門担当の場合）

年　　月　　日

取締役社長殿

執行役員＿＿＿＿＿

年度業務目標シート

	目標の具体的な内容	目標達成のための手段、方策	備考
(1)　総務関係業務の運営			
(2)　総務経費			
(3)　会議・組織・委員会の運営			
(4)　安全・危機管理			
(5)　社外広報			

（注）経営方針、経営計画を十分に踏まえて設定すること。

第7章　執行役員の業績評価

1　業績評価の目的

Question　執行役員の業績評価の目的はなにですか。

Answer　執行役員一人ひとりについてその業績を公正に評価し、その評価の結果を処遇に反映させることです。

解　説

1　業績評価の目的

　執行役員は、担当する部門の業績を挙げて会社全体の業績に貢献するという重い責任を負っています。

　「部門の業績を挙げることのできる能力を有している」と評価されたからこそ執行役員に任命されたわけですが、他社との激しい競争の中で、部門の業績を挙げることは容易ではありません。よほど努力しなければ、部門の業績を挙げることは困難です。

　このため、結果的に、業績を挙げて会社の期待に応えることのできる執行役員も出れば、業績を挙げることができない執行役員も出ます。

　部門の業績を挙げることができない執行役員が長くそのポストに留まっていたり、あるいは高い報酬を得たりしているのは、経営の健全性・公正性の確保というコーポレートガバナンスの観点から見て大いに問題です。一般の社員の勤労意欲にも好ましくない影響を

与えます。

　コーポレートガバナンスの確立のためには、執行役員一人ひとりについてその業績を公正に評価し、その評価の結果を処遇に反映させることが必要です。

2　業績評価の効果

　業績評価は、次のような効果を期待できます。
　・執行役員に緊張感を与えることができる
　・執行役員としての業績に応じた公正な処遇を行える
　・執行役員のインセンティブの向上を図れる
　・執行役員の自己開発、自己啓発を図れる

3　評価の対象者

　業績評価を実施するかしないかは、もとより各社の自由ですが、経営に与える効果を考慮すると、実施するのがよいでしょう。

　実施するときは、すべての執行役員を対象とするのがよいといえます。

2　業績評価の実施方法

 **uestion**　業績評価は、どのようにして実施するのが合理的・説得的ですか。

Answer　執行役員の業務内容を踏まえて、評価項目を合理的・整合的に定めることが重要です。

解　説

1　評価者

はじめに、誰が評価を行うかを定めます。実務的には、
・業績評価委員会を設置し、その委員会が評価に当たる
・社長が行う
などが考えられます。

2　評価項目

　一口に執行役員といっても、担当業務（部門）は人によって異なります。営業部門を担当する者もいれば、人事・経理・総務という管理部門を担当する執行役員もいます。また、生産部門や研究開発部門を担当する者もいます。執行役員の業務内容を踏まえて、評価項目を合理的、整合的に定めます。

　評価項目に合理性・整合性が乏しいと、業績評価について、執行役員の理解を得ることができず、勤労意欲の向上を図ることができません。

図表　評価の項目

1	業務上の成績（業務目標の達成度）
2	業務遂行の態度、姿勢（積極性、計画性）
3	責任性
4	モノ・ヒト・カネの管理実績（マネジメント能力）
5	その他

3　総合評価

各項目の評価をもとに総合評価を行うのがよいでしょう。

4　本人の意見聴取

評価の透明性・納得性を向上させるため、評価者は、評価を行うに当たり、執行役員本人の意見を聴取するものとします。

5　評価対象期間

評価対象期間は、決算年度に合せるのが合理的です。

6　本人へのフィードバック

評価結果の取り扱いについては、
・本人に伝える
・会社が必要と認めた場合に限って本人に伝える
・本人が希望すれば伝える
・本人にはいっさい伝えない
などがあります。

7　処遇への反映

評価の結果は、再任の可否、役位の昇格・降格、報酬、賞与、取締役への昇格などに適切に反映させます。

3　営業部門担当執行役員の業績評価

Question　営業部門担当執行役員の業績評価は、どのような事項について行うのが合理的ですか。

Answer　売上・受注の実績、営業利益の実績、業務遂行の積極性などについて行うのがよい。

解　説

1　一般的な評価項目

　営業部門担当の執行役員の業績評価は、一般的には、
　・担当部門の売上高、受注高（対前年比）
　・担当部門の営業利益（対前年比）
　・業務遂行の積極性
　・業務遂行の責任性
　・業務遂行の計画性
　・リーダーシップ
などについて行うのがよいでしょう。

2　追加的な評価項目

　このほか、
　・営業社員 1 人当たりの売上

・売上に対する営業利益の比率

・販売代金の回収率

・売上に対する販売経費の比率（営業の効率性）

・顧客の安定度、定着度

・新規顧客の開拓実績

などを評価項目とすることも考えられます。

様式　営業部門担当執行役員の業績評価表

執行役員業績評価表（　年度）		
役職名		氏名	
（評語）S＝きわめて優れていた　　A＝優れていた　　B＝普通 　　　　C＝やや不十分だった　　D＝不十分だった		
評価項目	評価
(1)　売上高、受注高(対前年比)	S—A—B—C—D
(2)　営業利益（対前年比）	S—A—B—C—D
(3)　業務遂行の積極性	S—A—B—C—D
(4)　業務遂行の責任性	S—A—B—C—D
(5)　業務遂行の計画性	S—A—B—C—D
(6)　リーダーシップ	S—A—B—C—D
総合評価	S—A—B—C—D

4　店頭販売部門担当執行役員の業績評価

Question　店頭販売部門担当執行役員の業績評価は、どのような事項について行うのが合理的ですか。

Answer　売上の実績、販売経費の実績、販売利益の実績、業務遂行の積極性などについて行うのがよい。

解　説

1　一般的な評価項目

店頭販売部門担当の執行役員の業績評価は、一般的には、
- ・売上高（対前年比）
- ・販売経費（対前年比）
- ・販売利益（対前年比）
- ・販売利益／売上
- ・業務遂行の積極性
- ・リーダーシップ

などについて行うのがよいでしょう。

2　追加的な評価項目

このほか、
- ・来店客数

　　・客1人当たりの購入金額
　　・販売社員1人当たりの売上
　　・売場面積1㎡当たりの売上
　　・売上に対する販売経費の比率（営業の効率性）
　　・業務遂行の責任性
などを評価項目とすることも考えられます。

様式　店頭販売部門担当執行役員の業績評価表

執行役員業績評価表（　　年度）			
役職名		氏名	
（評語）S＝きわめて優れていた　　A＝優れていた　　B＝普通 　　　　　C＝やや不十分だった　　D＝不十分だった			
評価項目		評価	
(1)　売上高（対前年比）		S—A—B—C—D	
(2)　販売経費（対前年比）		S—A—B—C—D	
(3)　販売利益（対前年比）		S—A—B—C—D	
(4)　販売利益／売上		S—A—B—C—D	
(5)　業務遂行の積極性		S—A—B—C—D	
(6)　リーダーシップ		S—A—B—C—D	
総合評価		S—A—B—C—D	

5　生産部門担当執行役員の業績評価

Ｑuestion　　生産部門担当執行役員の業績評価
は、どのような事項について行う
のが合理的ですか。

Ａnswer　　生産数量の目標達成率、生産コストの目標
達成率、生産品の質（不良品発生率）、業務遂行の積極性
などについて行うのがよい。

解　説

1　一般的な評価項目

　生産部門担当の執行役員の業績評価は、一般的には、
- ・生産数量（目標達成率）
- ・生産コスト（目標達成率）
- ・生産品の質（不良品発生率）
- ・業務遂行の積極性
- ・業務遂行の革新性
- ・リーダーシップ

などについて行うのがよいでしょう。

2　追加的な評価項目

　このほか、

・生産部門社員１人当たりの生産数量の実績
・生産部門社員１人当たりの生産数量の対前年比
・生産品１個当たりの生産コスト
・業務遂行の責任性
・事故発生件数
などを評価項目とすることも考えられます。

様式　生産部門担当執行役員の業績評価表

執行役員業績評価表（　　年度）			

役職名		氏名	

（評語）S＝きわめて優れていた　　A＝優れていた　　B＝普通
　　　　C＝やや不十分だった　　　D＝不十分だった

評価項目	評価
(1)　生産数量	S—A—B—C—D
(2)　生産コスト	S—A—B—C—D
(3)　生産品の品質(不良品の発生率)	S—A—B—C—D
(4)　業務遂行の積極性	S—A—B—C—D
(5)　業務遂行の革新性	S—A—B—C—D
(6)　リーダーシップ	S—A—B—C—D
総合評価	S—A—B—C—D

6　商品開発部門担当執行役員の業績評価

Question　　商品開発部門担当執行役員の業績
評価は、どのような事項について
行うのが合理的ですか。

Answer　　商品開発点数、商品開発コスト、商品開発
効果（新商品の売上金額）、業務遂行の積極性などについ
て行うのがよい。

解　説

1　一般的な評価項目

商品開発部門担当の執行役員の業績評価は、一般的には、
- ・商品開発点数
- ・商品開発コスト
- ・商品開発効果（新商品の売上金額）
- ・業務遂行の積極性
- ・業務遂行の計画性
- ・リーダーシップ

などについて行うのがよいでしょう。

2　追加的な評価項目

このほか、

・商品開発期間

・新商品の売上に対する商品開発コストの比率

・開発した商品の革新性、独創性

・業務遂行の責任性

などを評価項目とすることも考えられます。

様式　商品開発部門担当執行役員の業績評価表

執行役員業績評価表（　年度）			
役職名		氏名	
（評語）　S＝きわめて優れていた　　A＝優れていた　　B＝普通　　C＝やや不十分だった　　D＝不十分だった			
評価項目		評価	
⑴　商品開発点数		S—A—B—C—D	
⑵　商品開発コスト		S—A—B—C—D	
⑶　商品開発効果（新商品の売上金額）		S—A—B—C—D	
⑷　業務遂行の積極性		S—A—B—C—D	
⑸　業務遂行の計画性		S—A—B—C—D	
⑹　リーダーシップ		S—A—B—C—D	
総合評価		S—A—B—C—D	

7　研究部門担当執行役員の業績評価

Question　研究部門担当執行役員の業績評価は、どのような事項について行うのが合理的ですか。

Answer　研究業務の成果、研究業務の生産性・効率性（研究コストの金額）、リーダーシップなどについて行うのがよい。

解　説

1　一般的な評価項目

研究部門担当執行役員の業績評価は、その業務の性格上、他の執行役員の場合と異なり相当難しいところがありますが、一般的には、

- ・研究業務の成果
- ・研究業務の生産性・効率性（研究コストの金額）
- ・業務遂行の独創性
- ・業務遂行の責任性
- ・部下のマネジメント
- ・リーダーシップ

などについて行うのがよいでしょう。

2 追加的な評価項目

このほか、
・特許の出願件数
・売上に対する研究経費の比率
・研究経費支出の管理力
・業務遂行の積極性
・業務遂行の計画性
などを評価項目とすることも考えられます。

様式 研究部門担当執行役員の業績評価表

執行役員業績評価表 （　年度）	
役職名	氏名
（評語）S＝きわめて優れていた　A＝優れていた　B＝普通　C＝やや不十分だった　D＝不十分だった	
評価項目	評価
(1) 研究業務の成果	S—A—B—C—D
(2) 研究業務の生産性・効率性	S—A—B—C—D
(3) 業務遂行の独創性	S—A—B—C—D
(4) 業務遂行の責任性	S—A—B—C—D
(5) 部下のマネジメント	S—A—B—C—D
(6) リーダーシップ	S—A—B—C—D
総合評価	S—A—B—C—D

8　経理部門担当執行役員の業績評価表

Question　経理部門担当執行役員の業績評価は、どのような事項について行うのが合理的ですか。

Answer　資金繰り、資金運用、経理事務の経費・コスト、業務遂行の積極性などについて行うのがよい。

解　説

1　一般的な評価項目

経理部門担当の執行役員の業績評価は、一般的には、
- ・資金繰り
- ・資金運用
- ・決算処理期間
- ・経理事務の経費・コスト
- ・業務遂行の積極性
- ・業務遂行の責任性

などについて行うのがよいでしょう。

2　追加的な評価項目

このほか、
- ・予算管理の実績

　　・手形・有価証券管理の実績

　　・社内外への決算情報の提供

　　・税務申告の実績

　　・会計監査、税務調査への対応

　　・経理事務の効率化・迅速化

などを評価項目とすることも考えられます。

様式　経理部門担当執行役員の業績評価表

執行役員業績評価表（　年度）	
役職名	氏名
（評語）　S＝きわめて優れていた　　A＝優れていた　　B＝普通 　　　　　C＝やや不十分だった　　D＝不十分だった	
評価項目	評価
(1)　資金繰り	S—A—B—C—D
(2)　資金運用	S—A—B—C—D
(3)　決算処理期間	S—A—B—C—D
(4)　経理事務の経費・コスト	S—A—B—C—D
(5)　業務遂行の積極性	S—A—B—C—D
(6)　業務遂行の責任性	S—A—B—C—D
総合評価	S—A—B—C—D

9　人事部門担当執行役員の業績評価

Question　　人事部門担当執行役員の業績評価は、どのような事項について行うのが合理的ですか。

Answer　　募集・採用、総額人件費管理、労使関係の安定、業務遂行の積極性などについて行うのがよい。

解　説

1　一般的な評価項目

人事部門担当の執行役員の業績評価は、一般的には、
・募集・採用
・総額人件費管理
・人事部門の経費・コスト
・労使関係の安定
・業務遂行の積極性
・業務遂行の責任性
などについて行うのがよいでしょう。

2　追加的な評価項目

このほか、
・人材育成への取り組み（教育研修の実績）

・会社全体の勤怠（出勤率）
・社員の定着性、退職率
・人事・給与制度の改革の実績
・業務遂行の計画性
・リーダーシップ
などを評価項目とすることも考えられます。

様式　人事部門担当執行役員の業績評価表

執行役員業績評価表（　年度）		
役職名		氏名	

（評語）　S ＝きわめて優れていた　　A ＝優れていた　　B ＝普通
　　　　　C ＝やや不十分だった　　D ＝不十分だった

評価項目	評価
(1)　募集・採用の実績	S—A—B—C—D
(2)　総額人件費管理の実績	S—A—B—C—D
(3)　人事部門の経費・コスト	S—A—B—C—D
(4)　労使関係の安定	S—A—B—C—D
(5)　業務遂行の積極性	S—A—B—C—D
(6)　業務遂行の責任性	S—A—B—C—D
総合評価	S—A—B—C—D

10 総務部門担当執行役員の業績評価

Ｑuestion　総務部門担当執行役員の業績評価は、どのような事項について行うのが合理的ですか。

Ａnswer　総務関係業務の運営、総務関係部門の経費・コスト、安全・危機管理、業務遂行の積極性などについて行うのがよい。

解　説

1　一般的な評価項目

総務部門担当の執行役員の業績評価は、一般的には、
・総務関係業務の運営
・総務関係部門の経費・コスト
・安全・危機管理
・業務遂行の積極性
・業務遂行の責任性
・リーダーシップ
などについて行うのがよいでしょう。

2　追加的な評価項目

このほか、

　　・全社的な会議・委員会の運営

　　・全社的な行事・イベントの運営

　　・経営情報の管理

　　・株主総会の運営

　　・社外関係機関との関係維持

　　・社外への情報提供、社外広報（コーポレートコミュニケーション）

などを評価項目とすることも考えられます。

様式　総務部門担当執行役員の業績評価表

執行役員業績評価表（　年度）	
役職名		氏名	
（評語）S＝きわめて優れていた　　A＝優れていた　　B＝普通 　　　　C＝やや不十分だった　　D＝不十分だった	
評価項目	評価
(1)　総務関係業務の運営	S—A—B—C—D
(2)　総務関係の経費・コスト	S—A—B—C—D
(3)　安全・危機管理	S—A—B—C—D
(4)　業務遂行の積極性	S—A—B—C—D
(5)　業務遂行の責任性	S—A—B—C—D
(6)　リーダーシップ	S—A—B—C—D
総合評価	S—A—B—C—D

第 8 章　執行役員の報酬

1 株主総会の決議

uestion 執行役員の報酬については、株主総会の決議が必要ですか。

Answer 執行役員は会社法上の役員ではないため、その報酬の決定について、株主総会の決議は必要ありません。

解　説

1　会社法の規定

執行役員は、部・工場・支店など特定の組織の業務を執行する権限と責任を有するきわめて重要なポストです。しかし、会社法上の「取締役」ではありません。このため、「取締役の報酬、賞与その他の職務執行の対価として株式会社から受ける財産上の利益（中略）は、株主総会の決議によって定める」（会社法第361条第1項）という規定は適用されません。

すなわち、執行役員の報酬の決定について、株主総会の決議は必要ありません。会社の判断で自由に決定できます。

2　決定の手順

執行役員は、会社にとってきわめて重要なポストです。また、報酬は、本人にとっても、会社にとっても、きわめて重要な事項です。

このため、取締役会において決定するべきです。

　ただ、取締役会において、執行役員一人ひとりの報酬を個別に決めるというのは、日本の組織的な風土を勘案すると、あまり現実的ではありません。それよりも、経営の最高責任者である取締役社長に一任するという方法を採用するのが現実的です。

　取締役社長は、

　　・各執行役員の業務の内容

　　・各執行役員の責任の重さ

　　・社員給与とのバランス

　　・取締役報酬とのバランス

　　・会社の業績、支払能力

などを十分に勘案して、各執行役員の報酬を決めます。

（参考）執行役員の報酬に関する取締役会議事録

　第○号議案　執行役員の報酬に関する件

　議長は、○年度における執行役員の報酬については代表取締役社長にご一任願いたい旨付議したところ、全員異議なくこれを承認した。

2　報酬の決定基準

Question　執行役員の報酬は、基本的に、どのようなことを勘案して決定するのがよいでしょうか。

Answer　「業務遂行の困難さ」、「責任の重さ」、「会社の業績」、「社員給与とのバランス」および「取締役報酬とのバランス」を総合的に勘案して決定するのがよいでしょう。

解　説

　執行役員の報酬は、次の5点を総合的に勘案して決定するのがよいでしょう。

1　仕事の遂行の困難さ

　執行役員は、取締役会において選任され、広範な権限を付与され、本社部門、事業部門など個々の組織のリーダーとして、その組織の業務を執行するという重要な任務を負っています。

　例えば、執行役員営業部長は、景気の状況やマーケットの動向や他社の動きをよく分析し、適宜適切な販売促進策を講じつつ、一定の営業目標を達成するという重要な任務を負っています。

　現在、経営を取り巻く環境には、きわめて厳しいものがあります。このような状況の中にあって、部長、支店長、工場長など、個々の

組織のリーダーとして、その任務を遂行することは、決して容易ではありません。

報酬は、業務遂行の対価です。執行役員の報酬の決定に当たっては、業務遂行の困難さに十分配慮することが必要です。

2 責任の重さ

執行役員がその任務を責任を持って果たさないと、経営に大きな支障が生じることになります。責任の重さに十分配慮して、執行役員の報酬を決定するべきです。

3 会社の業績

執行役員の報酬は、会社の経費の中から支払われます。

このため、報酬の決定に当たっては、「経費の中からどれくらい執行役員報酬に回せるか」に配慮しなければなりません。

4 社員給与とのバランス

執行役員は、その職制上の地位に鑑み、一般の社員よりもはるかに重くて厳しい責任を負っています。したがって、執行役員の報酬が社員の給与よりも低かったら、勤労意欲を低下させます。

社員給与とのバランスをよく考えて、執行役員の報酬を合理的に設定するべきです。

5 取締役報酬とのバランス

執行役員は、取締役会で選任され、その監督を受けつつ、与えられた業務を執行するという立場にあります。このため、取締役の報酬とのバランスにも、十分配慮します。

3 報酬の構成

uestion 執行役員の報酬の構成には、どのような方法がありますか。

Answer 「執行役員報酬」一本で構成する方式と、「基本報酬＋役付報酬」方式とがあります。

解　説

1　報酬の構成

執行役員報酬の構成には、主として、次の2つがあります。

(1)　執行役員報酬一本方式

これは、「執行役員報酬」一本で構成する方式です。

例えば、「執行役員○○○万円」「常務執行役員○○○万円」「専務執行役員○○○万円」という形で決めます。

(2)　基本報酬＋役付報酬方式

これは、

・全執行役員一律の「基本報酬」

・役位別に定める「役付報酬」

とから構成する方式です。

役付報酬は、「常務執行役員○○万円」「専務執行役員○○万円」という形で役位ごとに決めます。

例えば、基本報酬を70万円とし、役付報酬は次のとおりであると

します。

常務執行役員	20万円
専務執行役員	40万円

この場合は、各執行役員の総報酬は、次のようになります。

執行役員	70万円
常務執行役員	90万円
専務執行役員	110万円

2　報酬の形態

報酬の形態には、

・1ヵ月を単位として決める「月給制」

・半期を単位として決める「半期年俸制」

・1年を単位として決める「年俸制」

などがあります。

図表　報酬の構成

1	「基本報酬」のみ、または「基本報酬＋役付報酬」とする
2	家族手当、住宅手当その他の生活補助手当は支給しない
3	時間外勤務手当、休日勤務手当、深夜勤務手当は支給しない
4	通勤手当は支給する

4 執行役員報酬と部長給与との格差

Question　執行役員の報酬と部長給与との格差は、どれくらいにするのが現実的ですか。

Answer　一般的にいえば、執行役員の報酬は部長給与（社員最高給与）の150％程度とするのが妥当です。

解　説

1　執行役員と社員の違い

執行役員は、次の点で社員と異なります。

(1)　担当業務

社員は、会社から指示された特定の業務だけを遂行します。これに対し、執行役員は、取締役社長の包括的な指揮命令のもとに、経営上きわめて重要な部門の業務を執行します。

例えば、一般の営業社員は、会社から指定された一定の地域または取引先を担当し、会社から指示されたマニュアルや営業方針に従って営業活動を行えばよいとされます。また、営業係長は、部下の営業マンを指揮命令し、会社から指定された一定地域または取引先を対象にして営業活動を行えばよいでしょう。さらに、営業課長は、営業係長を指揮命令し、会社から指定された一定地域または取引先を対象にして営業活動を行えばよいとされます。

　これに対し、執行役員営業部長は、会社の経営方針・経営計画を踏まえ、営業活動全体を管理・監督する立場にあります。

　執行役員としての業務を遂行するためには、広範な視野、総合的な決断力、強力なリーダーシップ、行動力・実行力、時代の流れを的確に読み取る能力、豊かな経験・識見が必要です。

　(2)　責任の重さ

　社員は、自分が担当する業務だけに責任を負えばよいものです。他の社員が仕事でミスをしたり、会社に損害を与えたり、あるいは、取引先に迷惑をかけたりしても、その責任を負う必要はありません。これに対し、執行役員は、特定の部門を管理・監督するわけですから、重い経営責任を負っています。

2　報酬の水準

　執行役員は、業務遂行能力に優れている者に対し、特定の部門の業務遂行について大きな権限を与え、取締役に準じて処遇するという制度です。

　いくら、経営効率を高めるという目的で執行役員制度を導入しても、その報酬が一般社員とあまり変わりがないというのでは、執行役員の意欲は向上しません。

　以上の事情を総合的に勘案すると、執行役員の報酬は、社員最高給与（部長クラスの給与）の150％程度において決定するのが妥当です。

　例えば、部長クラスの給与を60万円とすると、執行役員の報酬は、90万円前後において決定します。

5　執行役員と取締役との報酬格差

Question

執行役員と取締役との報酬バランスは、どの程度とするのが妥当ですか。

Answer

執行役員の報酬は、取締役の報酬の90〜95％程度とするのが妥当です。

解　説

1　執行役員と取締役

執行役員は、取締役会によって選任され、本社部門、工場、研究所、支店など、特定の組織の長として、その組織の業務を執行します。

これに対して、取締役は、全社的な意思決定と監督を行います。

取締役は、株主から経営を委任されています。経営について、直接の責任を負っているのは、取締役であって、執行役員ではありません。

一方、会社法は、取締役について、さまざまな義務と責任を課しています。取締役がその義務と責任を果たさないと、会社法違反で処罰されます。

しかし、執行役員は、直接的には会社法上の義務と責任は負っていません。

　また、取締役には、2年という任期が設けられていますが、執行役員について任期を設けるか設けないかは、それぞれの会社の自由です。執行役員は、会社との間において「期間の定めのない雇用契約」という関係にあるので、取締役に比較して、身分が安定しているといえます。

2　執行役員の報酬

　以上の事情を総合的に判断すると、取締役の報酬と執行役員の報酬に一定の格差を設けるのが適切です。しかし、執行役員も経営責任の一角を担っているわけですから、その格差は、あまり大きくすべきではありません。

　一般的にいえば、執行役員の報酬は、取締役の報酬の90〜95％程度とするのが妥当です。

（参考）報酬決定通知書

```
                                    年　月　日

執行役員＿＿＿＿殿
                          取締役社長＿＿＿＿印
              報酬決定通知書
  報酬は次のとおりとする。
 （報酬月額）                円
 （適用開始）     年　月　日から
 （報酬支払日）　毎月25日
                                        以上
```

6　常務執行役員と執行役員との報酬格差

Question　常務執行役員と執行役員との報酬格差はどの程度とするのが合理的ですか。

Answer　常務執行役員の報酬は、執行役員の 5 ～ 15％程度増とするのが適切です。

解　説

1　常務執行役員の業務

執行役員制度については、
・執行役員だけとする
・2 つないし 4 つ程度の役位を設ける
という 2 つの取り扱いがあります。

執行役員について、「専務執行役員」、「常務執行役員」および「執行役員」という 3 つの役位を設ける場合、常務執行役員は、一般的に、執行役員に比較し、
・遂行の困難な業務を担当する
・重い責任を負う
などの特徴があります。

常務執行役員の業務を円滑、的確に遂行するためには、執行役員に比較し、広い視野、的確な決断力、強いリーダーシップ・統率力、

確かな行動力・実行力、豊かな業務経験が必要です。

2　報酬の水準

　常務執行役員の業務の内容、責任の重さ、果たすべき役割等を総合的に判断すると、その報酬は、執行役員の5〜15％程度増とするのが適切です。

　例えば、執行役員の報酬を1ヵ月当たり80万円と設定したときは、常務執行役員の報酬は、1ヵ月当たり84〜92万円程度とするのが適切です。

（参考）報酬決定通知書

```
                                    年　月　日

常務執行役員＿＿＿＿殿

                          取締役社長＿＿＿＿印
                    報酬決定通知書
  報酬は次のとおりとする。
  （報酬月額）                  円
  （適用開始）    年　月　日から
  （報酬支払日）    毎月25日

                                        以上
```

7 専務執行役員と常務執行役員との報酬格差

uestion 　専務執行役員と常務執行役員との
　　　　　　報酬格差はどの程度とするのが合
理的ですか。

Answer 　専務執行役員の報酬は、常務執行役員の5
～15％程度増とするのが適切です。

解　説

1　専務執行役員の業務

　執行役員について、「専務執行役員」、「常務執行役員」および
「執行役員」という3つの役位を設ける場合、専務執行役員の業務
については、一般的に、常務執行役員に比較し、

　・遂行が困難な業務を担当する

　・経営の中枢を形成する業務を担当する

　・重い責任を負う

などの特徴があります。

　専務執行役員の業務を円滑、的確に遂行するためには、常務執行
役員に比較し、広い視野、的確な決断力、強いリーダーシップ・統
率力、豊かな業務経験が必要です。高度の先見力、企画力も必要で
す。

2　報酬の水準

　執行役員について、専務執行役員、常務執行役員、執行役員という階層を設ける以上、その最高位の専務執行役員に対しては、それ相応の報酬を支払う必要があります。

　専務執行役員の業務の内容、責任の重さ、果たすべき役割等を総合的に判断すると、その報酬は、常務執行役員の5～15％程度増とするのが適切です。

　例えば、常務執行役員の報酬を1ヵ月当たり90万円と設定したときは、専務執行役員の報酬は、1ヵ月当たり95～104万円程度とするのが適切です。

（参考）報酬決定通知書

```
                                    年　　月　　日

  専務執行役員＿＿＿＿殿

                          取締役社長＿＿＿＿印

                    報酬決定通知書

    報酬は次のとおりとする。

    （報酬月額）　　　　　　　　円

    （適用開始）　　年　　月　　日から

    （報酬支払日）　毎月25日

                                          以上
```

8　役位を設けない場合の報酬格差

Question　執行役員について、専務執行役員、常務執行役員、執行役員という役位を設けないで、執行役員だけとする場合、執行役員間において報酬の格差を設けるべきですか。設けるとすれば、その格差は、どの程度にするべきですか。

Answer　20％程度の範囲において、報酬格差を設けるのが妥当です。

解　説

1　執行役員の取り扱い

執行役員については、
・「執行役員」のみとし、役位は特に設けない
・専務執行役員、常務執行役員、執行役員などの役位を設ける
という2つの取り扱いがあります。

2　報酬格差

「執行役員」のみとし、役位は特に設けない場合の報酬の取り扱いについては、
・全員同額とする

・差を設ける

という2つがあります。

　執行役員は、本社の部、工場、支店など、主要な部門の長として、その部門の業務を遂行するわけですが、一般的に、担当する業務の内容は、執行役員によって異なります。遂行がきわめて困難で、高度の知識・能力が求められる業務もあれば、それほどではないものもあります。

　また、会社の経営において中枢的な位置を占める業務もあれば、中枢からは少し離れた位置にある業務もあります。

　このように、担当する業務の内容（遂行の困難さ、責任の重さ、経営上の重要性）が執行役員によって異なることを考慮すると、報酬に一定の格差を設けるのが適切です。

　担当する業務の内容（遂行の困難さ、責任の重さ、経営上の重要性）が執行役員によって異なるにもかかわらず、報酬を同一とするのは、必ずしも合理的・説得的とはいえません。

3　格差の範囲

　「執行役員」のみとし、役位は特に設けない場合においても、担当する業務の内容（遂行の困難さ、責任の重さ、経営上の重要性）に応じて報酬に一定の格差を設けるのが適切ですが、報酬の差を大きくすればするほど望ましいというわけではありません。あまり大きくすると、報酬が少ない執行役員の意欲に好ましくない影響を与えます。

　一般的に見て、執行役員の報酬格差は20％程度の範囲に収めることが望ましいでしょう。

　例えば、標準的な執行役員報酬が月額100万円であるとすれば、最高の報酬は120万円以下に抑えます。

9　報酬の支払い

> **Question**　社員の給与は毎月25日に支払っていますが、執行役員の報酬も毎月１回定期的に支払う必要がありますか。

Answer　毎月１回、一定の期日を決め、定期的に支払うことが必要です。

解　説

1　労働基準法の定め

　労働基準法は、社員の給与の支払について、
　・賃金は通貨で支払わなければならない
　・賃金は直接本人に支払わなければならない
　・賃金はその全額を支払わなければならない
　・賃金は毎月１回以上支払わなければならない
　・賃金は一定の期日を定めて支払わなければならない
と定めています（第24条）。
　これを一般に「賃金支払の５原則」と呼んでいます。
　この規定を受けて、会社は、毎月一定の期日を定めて社員の給与を支払っています。

2　執行役員の場合

　執行役員と会社との関係は、雇用関係です。執行役員は、法律上は「労働者」（社員）です。このため、労働基準法が適用されます。

　したがって、執行役員の報酬は、毎月一定の期日を決めて定期的に支払うことが必要です。

（参考）報酬支払明細書

```
執行役員_____殿

                              ○○○○株式会社
          報酬支払明細書（　年　月分）
      執行役員報酬_____円
      （控除）厚生年金保険料_____円
      （控除）健康保険料_____円
      （控除）雇用保険料_____円
      （控除）介護保険料_____円
      （控除）所得税_____円
      （控除）住民税_____円
      差引支払額_____円
                                  以上
```

10 報酬の引き上げ

uestion　執行役員報酬は、どのような場合に引き上げるのが適切ですか。

Answer　業績の向上、社員給与の昇給、または、世間相場の上昇に合わせて引き上げるのが適切です。

解　説

1　報酬引き上げの事由

　執行役員報酬の引き上げの事由としては、一般的に次のようなものが考えられます。

　⑴　業績の向上

　会社の業績が向上すれば、報酬の支払能力も向上します。

　業績が向上した場合に報酬を引き上げることは、当然のことといえます。

　⑵　社員給与の昇給

　社員の給与は、毎年、ベースアップや定期昇給によって引き上げられるのが一般的です。社員の給与が引き上げられると、執行役員報酬との格差が縮小します。この格差を是正するために、執行役員報酬を引き上げます。

　ただし、会社の業績が良好でないときは、「社員給与の引き上げ」を理由とする報酬の引き上げは、自粛するべきです。

(3)　世間相場の上昇

　世間の執行役員報酬の相場が上昇したときは、それに合わせて、自社の執行役員報酬も適宜引き上げます。

2　執行役員への通知

　報酬を引き上げたときは、本人に書面で通知します。

（参考）報酬引き上げ通知書

年　　月　　日

執行役員＿＿＿＿殿

取締役社長○○○○

報酬引き上げ通知書

　下記のとおり、報酬を引き上げます。

（現行）＿＿＿＿＿＿＿＿＿＿＿＿円

（引き上げ後）＿＿＿＿＿＿＿＿円

（引き上げ時期）　　年　　月分から

以上

11 休職中の報酬

Question 執行役員が健康上の理由で休職する場合、報酬を不支給としても差し支えないですか。

Answer 休職中、報酬を支払う必要はありません。

解　説

1　会社と執行役員との関係

　一般の社員が「疾病の治療、療養」「育児」あるいは「親の介護」などの理由で長期にわたって勤務できないときに、労働を免除することを「休職」といいます。休職の事由で最も多いのは「私傷病の治癒」ですが、最近は、育児や親の介護を理由とする休職も増加しています。

　休職中は、「ノーワーク・ノーペイの原則」によって給与を支払わないのが一般的です。休職中に給与を支払わないことは、法律上、特に問題はありません。「休職中の給与を支払わない」といって、労働基準法違反に問われることはありません。

　一般社員について、休職中、給与を不支給とすることができるのは、会社と社員との関係が「雇用関係」であるためです。だから、「労務の提供が行われていない」という理由で不支給にできるのです。

　執行役員と会社との関係は、「雇用関係」です。執行役員は、身分上は「社員」です。したがって、休職期間中報酬を不支給としても差し支えありません。

2　本人の同意は不必要

　執行役員が健康を害して勤務できないときに、「執行役員としての任務を果たしていない」という理由で報酬を不支給とする場合、本人の同意は必要ありません。

（参考）休職届の例

```
                                              年　月　日

取締役社長＿＿＿＿殿

                          （執行役員）　＿＿＿＿印
               休職届

　健康上の理由により、下記のとおり休職いたします。
　（休職の期間）　年　月　日〜　年　月　日
                                              以上
```

12 年俸制の適用

 **uestion** 執行役員に対して年俸制を適用する場合、どのような点に留意するべきですか。

Answer 　前年の業績に応じて年俸を決定し、12等分以上に分割して支払います。

解　説

1　年俸制の適用

　賞与も含めて、1年間の報酬の総額を決める制度を「年俸制」といいます。年俸制は、

　　・業績評価を明確にできる

　　・実力主義、成果主義の賃金管理ができる

　　・経営への参加意識を高めることができる

　　・個別的な賃金管理ができる

　　・年収調整が比較的簡単にできる

などの効果が期待できます。

　このため、執行役員については、年俸制を適用するのがよいでしょう。

2　年俸の決定基準

執行役員について、年俸制を適用するときは、
・担当する業務の内容（遂行の困難さ、責任の重さ）
・前年の個人業績
・社員の年収
・役員の年収
などを総合的に判断して、年俸の額を決定することが重要です。
とりわけ、業績評価は、重要です。

3　年俸の支払い

年俸の支払いについては、
・12等分し、毎月1等分ずつ支払う
・13等分以上に分割し、賞与の支給月（6月、12月）は2等分以上、その他の月は1等分ずつ支払う
の2つがあります。
執行役員の希望を聞いて、支払方法を決めるのがよいでしょう。

4　年俸からの控除

年俸の支払いに当たり、次のものを控除します。
・社会保険料（厚生年金保険料、健康保険料、介護保険料、雇用保険料）
・所得税、住民税

13 取締役執行役員の報酬の決め方

 uestion　取締役執行役員の報酬は、どのように決めるのがよいですか。

Answer　取締役分と執行役員分とに区分して決めるのがよい。

解　説

1　2種類の執行役員

執行役員には、
・執行役員だけの者
・取締役を兼ねている者
の2つがあります。

「取締役は執行役員を兼ねない」ということを経営方針としている会社もあれば、取締役の全員が執行役員を兼ねているという会社もあり、実態は、各社各様です。

2　取締役執行役員の報酬の構成

取締役執行役員は、
・全社的な意思決定と取締役の監督という「取締役としての職務」
・特定の部門の長として業務を執行する「執行役員としての職

務」

の2つを遂行しています。

　このように、性格の異なる2つの職務を遂行していることを考えると、取締役執行役員の報酬は、

　　・取締役の職務執行に対する報酬

　　・執行役員の職務執行に対する報酬（給与）

とから構成することが合理的です。

3　執行役員分報酬の決め方

　取締役執行役員の報酬を「取締役分」と「執行役員分」とから構成する場合、「執行役員分」は、取締役執行役員に就任する前に社員として得ていた給与と同額とします。

　例えば、月額給与60万円の営業部長が取締役執行役員に就任したときは、60万円を「執行役員分」とします。

4　取締役分報酬の決め方

　取締役執行役員の報酬を「取締役分」と「執行役員分」とから構成する場合、「取締役分」は、専任取締役（執行役員を兼ねていない取締役）の報酬を基準として決めます。

　例えば、専任取締役の報酬が100万円で、取締役執行役員が取締役執行役員に昇格する前の部長給与が60万円であったとします。この場合は、差額の40万円を「取締役報酬」とします。そして、取締役執行役員の報酬を次のように決めます。

取締役報酬	40万円
執行役員報酬	60万円
合計	100万円

14 取締役執行役員報酬の決定手続き

Ｑuestion　取締役執行役員の報酬を「取締役分」と「執行役員分」とから構成する場合、どのような手続きを経ることが必要ですか。

Ａnswer　取締役分については株主総会の決議が、また、執行役員分については取締役会の決議が必要です。

解　説

1　株主総会の決議

取締役執行役員の報酬を、
・取締役としての報酬
・執行役員としての報酬（給与）
の2つに区分して構成する場合、取締役分報酬の決定については、会社法の定めるところにより、株主総会の決議が必要です。

これに対し、執行役員分の報酬については、株主総会の決議は必要ありません。執行役員は、会社法上の役員ではないからです。

　　　　　　取締役分報酬―――――株主総会の決議が必要
　　　　　　執行役員分報酬―――――株主総会の決議は必要ない

2　取締役会の承認

　取締役執行役員に対して「執行役員報酬」を支払うことは、会社法が定める「会社と取締役との取引」（いわゆる自己取引）に該当します。このため、取締役会の承認を得た上で、執行役員分の報酬を支払うことが必要です。

　なお、承認を決議するときに、取締役執行役員は、その決議に加わることはできません。これは、会社法で、「決議について特別の利害関係を有する取締役は、議決に参加することができない」（第369条第2項）と規定されているためです。執行役員分の報酬を受け取る取締役執行役員は、「特別の利害関係を有する取締役」に当たります。

　取締役会において執行役員分報酬の支給を決定したときは、議事録に記載しておくことが必要です。

（参考）執行役員分報酬の支給に関する取締役会議事録

　第○号議案　取締役執行役員に対する執行役員分報酬の支給に関する件

　議長が、取締役執行役員○○○○、○○○○および○○○○の3氏に対し、取締役報酬のほかに、執行役員報酬を支給することとし、その具体的な金額、支給開始時期および支給方法等については代表取締役社長にご一任願いたい旨付議したところ、全員異議なくこれを承認可決した。なお、取締役執行役員は、本議案と利害関係を有するため、採決には参加しなかった。

第 9 章　執行役員の賞与

1　賞与の支給原資と株主総会決議

Question　執行役員の賞与は、利益の中から支給する必要がありますか。また、支給について、株主総会の決議を得る必要がありますか。

Answer　利益の中から支給する必要はありません。また、支給について、株主総会の決議を得る必要はありません。

解　説

1　賞与の支給原資

　役員（取締役）の使命は、「利益を出すこと」です。利益を出すことは、容易ではありません。努力して利益を出した場合に、その功労として支給されるものが「賞与」です。

　株主の立場からすると、利益が出た場合、そのすべてを配当として自らの掌中に収めたいところでしょう。しかし、株主が利益を一人占めしたのでは、利益創出のために努力した役員は納得しません。そこで、株主は、利益の一部を「賞与」という名目で役員に還元するのです。

　役員の賞与は、利益の中から支給されることが望ましいといえます。利益が出ていないのに、会社が役員に対して賞与を支給するこ

とは、望ましくないことです。

　これに対し、執行役員は、「役員」という呼称は付いていますが、会社法上の役員ではありません。したがって、執行役員の賞与は、利益の中から支給する必要はありません。執行役員の賞与は、利益の有無にかかわりなく、支給することができます。

2　株主総会の決議

　役員の賞与については、株主総会の決議が必要です。株主総会の決議を得ることなく、勝手に支給することは許されていません。

　これに対し、執行役員は、「役員」という呼称は付いていますが、会社法上の役員ではないため、会社法の適用は受けません。したがって、執行役員の賞与の支給について、株主総会の決議・承認は必要ありません。株主総会の決議を受けることなく賞与を支給しても、法律上は特に問題はありません。

　執行役員の賞与は、株主総会の決議を得ることなく、会社の判断、役員会の判断で自由に支給することができます。

2 賞与の取り扱い

Question　執行役員の賞与は、一般社員と同じように取り扱うのがよいですか、それとも、役員に準じて取り扱うのがよいですか。

Answer　執行役員制度の趣旨から判断すると、役員に準じて取り扱うのがよい。

解　説

1　役員に準じた取り扱い

執行役員の賞与については、
・一般社員と同じように取り扱う
・役員に準じて取り扱う
の2つがあります。

執行役員制度は、本来的に、「部、工場、支店などの最大組織の長に大きな権限を与えて業務を執行させ、役員に準じて処遇する」という制度です。

このような目的、趣旨からすると、執行役員の賞与については、役員に準じた取り扱いをするのがよいでしょう。

2　業績による支給

役員の賞与については、

・会社の業績が確定した段階で、

・会社の業績に応じて支給する

という取り扱いをするのが一般的です。

　したがって、執行役員の賞与について、「役員に準じた取り扱い」をするということは、

・会社の業績が確定した段階で、

・会社の業績に応じて支給する

ということです。

　すなわち、業績が良かったときは、多くの賞与を支給するけれども、あまり良くなかったときは少ししか支給せず、赤字決算のときはいっさい支給しないということです。

　支給時期も、役員賞与の支給時期にあわせます。

3　役員会の決定

　執行役員に対する賞与の支給は、経営にとって重要な事項です。このため、役員会の決議を得て実施するのがよいとされます。

（参考）執行役員賞与の支給に関する取締役会議事録

　第〇号議案　執行役員に対する決算賞与支給の件

　議長は、執行役員に対して決算賞与を支給することとし、各執行役員の支給額の決定および支給時期等については代表取締役社長にご一任願いたい旨付議したところ、全員異議なくこれを承認可決した。

3　賞与支給額の算定方式

uestion　執行役員の賞与支給額の算定方式
には、実務的にどのような方式が
ありますか。

Answer　　「報酬×支給月数」「報酬×支給月数＋人事
考課分」「報酬×支給月数×人事考課係数」などがありま
す。

解　説

　執行役員の賞与算定式には、主として、次のようなものがありま
す。

1　「報酬×支給月数」方式

　これは、報酬月額に支給月数を乗じることにより、支給額を算定
するというものです。支給月数は、
　　・会社の業績
　　・役員報酬の支給額
などを基準として決めます。
　例えば、報酬月額を「100万円」、支給月数を「1.5」とすると、
支給額は次のように算出されます。
　　　（賞与支給額）　　　100万円×1.5＝150万円

2 「報酬×支給月数＋人事考課分」方式

　これは、報酬月額に支給月数を乗じた金額に、人事考課分を加算（あるいは減額）することにより支給額を算出するというものです。支給月数は、「会社の業績」「役員報酬の支給額」などを基準として決めます。

　例えば、報酬月額を「100万円」、支給月数を「1.5」、人事考課分を50万円とすると、支給額は次のように算出されます。

　　（賞与支給額）　　100万円×1.5＋50万円＝200万円

3 「報酬×支給月数×人事考課係数」方式

　これは、報酬月額に支給月数を乗じ、さらに人事考課係数を乗じることにより、支給額を算出するというものです。

　人事考課係数は、

　S（よく頑張った）　　　　1.2
　A（普通程度だった）　　　1.0
　B（やや不十分だった）　　0.8

というように決めます。

　例えば、報酬月額を「100万円」、支給月数を「1.5」、人事考課係数を「1.2」とすると、支給額は次のように算出されます。

　　（賞与支給額）　　100万円×1.5×1.2＝180万円

4 全額人事考課分

　これは、支給額のすべてを人事考課（業績評価）によって決めるという方式です。

4　業績評価の基準

Question　執行役員の賞与支給額の一定割合については、業績評価を行って決めたいと考えていますが、業績評価は、どのような観点から行えばよいですか。

Answer　「業務目標の達成度」、「目標達成のための努力・創意工夫」および「他の幹部社員・執行役員との協調性」について行うのが合理的です。

解　説

　執行役員の賞与支給額決定のための評価は、次の項目について行うのが合理的です。

1　業務目標の達成度

　執行役員は、特定の組織（部、工場、支店、研究所など）の業務を執行するという役割を負っています。執行役員一人ひとりが自分に与えられた業務目標を達成することによって、会社全体の業績が向上します。

　執行役員営業部長は、営業部門の役職者・一般社員を指揮命令して、営業目標を達成すという責任を負っています。

　執行役員商品開発部長は、取引先や消費者のニーズを的確に把握し、取引先や消費者に喜ばれる商品を開発するという任務を負って

います。

　執行役員総務部長は、総務部門の業務を少しでも少ない経費で迅速、正確に処理し、現業部門の業務をサポートするという責任を負っています。

　執行役員一人ひとりについて、営業年度の初めに、その役員の業務目標を明確にしたうえで、年度が終了したら、その達成度を評価します。

2　目標達成のための努力・創意工夫

　目標を達成するためには、一定の努力と創意工夫をすることが必要です。現在、経営を取り巻く環境には大変厳しいものがあるので、努力・創意工夫なしには、目標は達成できません。

　このため、

　・目標達成のために、どのような努力を払ったか

　・目標達成のために、どのような創意工夫をしたか

　・業務の遂行について、改善、革新、改良を行ったか

を評価します。

3　協調性

　会社は、組織です。会社の業績を上げるためには、執行役員が協調して業務を執行することが何よりも大切です。このため、

　・他の執行役員や幹部社員とよく協力、協調して業務を遂行したか

　・社長および担当役員に業務の執行状況を適宜・適切に報告したか

　・業務の遂行において、独走するようなことはなかったか

を評価します。

5　取締役執行役員の賞与の取り扱い

uestion　取締役執行役員の賞与は、どのように取り扱うのがよいですか。

nswer　取締役分と執行役員分とに区分して支給するのがよい。

解　説

1　取締役執行役員の賞与の取り扱い

　取締役を兼務している執行役員（取締役執行役員）の賞与の取り扱いについては、実務的に、
　　・取締役賞与と執行役員賞与の双方を支給する
　　・取締役分のみを支給する
の2つがあります。
　取締役執行役員は、その立場上、
　　・全社的な意思決定と取締役の監督という「取締役としての職務」
　　・特定の部門の長として業務を執行する「執行役員としての職務」
の2つを遂行しています。
　このように、性格の異なる2つの職務を遂行していることを考えると、取締役執行役員に対しては、

・取締役の職務執行に対する賞与

・執行役員の職務執行に対する賞与

の双方を支給することにするのが合理的です。

2　執行役員賞与の決め方

取締役執行役員の賞与を「取締役分」と「執行役員分」とに区分して支給する場合、「執行役員分」は、一般の部長クラス社員と同じ月数を支給します。

例えば、部長クラスの賞与の支給月数が2ヵ月分のときは、「執行役員分」は2ヵ月分とします。

3　取締役分賞与の決め方

取締役執行役員の賞与を「取締役分」と「執行役員分」とに区分して支給する場合、「取締役分」については、

・執行役員を兼ねていない専任取締役の賞与支給額

・執行役員分として支給された賞与の額

を勘案して決めるのが妥当です。

会社における役割や地位を考えると、取締役執行役員の賞与の総額が専任取締役の賞与の総額を超えるのは、合理的ではありません。このため、取締役執行役員の賞与の総額が専任取締役の賞与の総額を超えないように配慮します。

6　取締役執行役員賞与の決定手続き

Ｑuestion　取締役執行役員の賞与を「取締役分」と「執行役員分」とから構成する場合、どのような手続きを経ることが必要ですか。

Ａnswer　取締役分については株主総会の決議が、また、執行役員分については取締役会の決議が必要です。

解　説

1　株主総会の決議

　取締役執行役員の賞与を、
　・取締役としての賞与
　・執行役員としての賞与
の2つに区分して支給する場合、取締役分賞与の支給については、株主総会の決議が必要です。

　これに対し、執行役員分の賞与については、株主総会の決議は必要ありません。執行役員は、会社法上の役員ではないからです。

　　　　　　　取締役分賞与――――株主総会の決議が必要
　　　　　　　執行役員分賞与―――株主総会の決議は必要ない

2　取締役会の承認

　取締役執行役員に対して「執行役員賞与」を支給することは、会社法が定める「会社と取締役との取引」（いわゆる自己取引）に該当します。このため、取締役会の承認を得た上で、支給することが必要です。

　なお、承認を決議するときに、取締役執行役員は、その決議に加わることはできません。これは、会社法で、「決議について特別の利害関係を有する取締役は、議決に参加することができない」（第369条第2項）と規定されているためです。執行役員分の賞与を受け取る取締役執行役員は、「特別の利害関係を有する取締役」に当たります。

　取締役会において執行役員分賞与の支給を決定したときは、議事録に記載しておくことが必要です。

（参考）執行役員分賞与の支給に関する取締役会議事録

　第○号議案　取締役執行役員に対する賞与の支給に関する件
　議長が、取締役執行役員○○○○、○○○○および○○○○の3氏に対し、執行役員分賞与を支給することとし、その具体的な金額、支給時期および支給方法等については代表取締役社長にご一任願いたい旨付議したところ、全員異議なくこれを承認可決した。なお、取締役執行役員3氏は、この議案と利害関係を有するため、決議に参加しなかった。

第10章　執行役員の退職慰労金

1 退職慰労金の株主総会の決議

 **uestion** 執行役員に対する退職慰労金の支給については、株主総会の決議が必要ですか。

Answer 株主総会の決議は必要ありません。

解　説

1　執行役員の退職慰労金

　取締役に対する退職慰労金の支給を取締役会の決定に委ねると、取締役が個人的な欲望から金額を多めに決定する可能性があります。会社の業績にあまり貢献していないにもかかわらず、「会社の発展に大いに貢献した」と自己評価し、多額の退職慰労金の支給を決定する危険性があるのです。

　このため、取締役に対する退職慰労金については、株主総会の決議を必要とすることになっています。

　これに対し、執行役員は、「役員」という呼称が付いていますが、会社法上の「取締役」ではありません。このため、会社法は適用されません。

　したがって、執行役員に対する退職慰労金の支給については、株主総会の決議は必要ありません。

2　取締役会の決定、承認

　執行役員に対する退職慰労金の支給は、会社にとって重要な案件です。一般の社員に対する退職金の支給とは訳が異なります。このため、取締役会の決定により行うか、あるいは承認を得た上で支給することが望ましいといえます。

（参考）執行役員の退職慰労金支給に関する取締役会議事録

> 　第○号議案　退任執行役員に対する退職慰労金支給に関する件
>
> 　議長が、　　年　　月　　日をもって退任する執行役員○○○○および○○○○の両名に対し、会社の定める一定の基準に従い、相当額の範囲内で退職慰労金を支給することとし、その金額、時期、方法等は、代表取締役社長にご一任願いたいと提案したところ、全員異議なくこれを承認した。

2　退職慰労金の取り扱い

 uestion　執行役員の退職慰労金は、どのように取り扱うのが合理的ですか。

Answer　独自の退職慰労金制度を作成するか、または、役員の退職慰労金制度を準用するのがよい。

解　説

1　3つの方法

執行役員の退職金の取り扱いについては、実務的に、

① 　社員の退職金制度を適用する

② 　執行役員独自の退職慰労金制度を作成する

③ 　役員の退職慰労金制度を準用する

の3つがあります。

これら3つのうち、どれを採用するかは、それぞれの会社の自由です。

2　独自方式または役員準用方式

執行役員制度は、部長、工場長、支店長、研究所長などの職位にある者に、大きな権限を与えて職務を執行させる一方で、役員に準じて処遇するという制度です。

執行役員は、仕事の面で重要な任務と大きな責任を負っています。

会社の業績がどうなるかは、執行役員の力量によるところが大きいのです。

　執行役員制度を適正に運用することにより、経営の効率化、意思決定の迅速化が図られます。

　このような執行役員制度の趣旨を考慮すると、退職慰労金については、

　・執行役員独自の退職慰労金制度を作成する

　・役員の退職慰労金制度を準用する

のいずれかを採用することにするのが合理的、現実的です。

　事務的に見れば、執行役員に対し、社員用の退職金制度を適用するのが簡単で、便利です。しかし、執行役員に対し、「退職金については、社員の退職金制度を適用し、特別に優遇はしない」と言ったのでは、執行役員は、あまり感動しないでしょう。また、執行役員に昇格したことをそれほど実感しないことでしょう。

　しかし、「執行役員独自の退職慰労金制度を適用して優遇する」、あるいは、「役員の退職慰労金制度を準用し、役員並に取り扱う」と言えば、それなりに感動し、やる気を高めることでしょう。

3　退職慰労金の決定基準

> Question　執行役員の退職慰労金は、どのような事項を勘案して決定するのが合理的ですか。

> Answer　「執行役員在任期間」、「執行役員歴」、「退任時の報酬」などを基準として決定するのが合理的です。

解　説

執行役員の退職慰労金は、次の事項を基準として決定するのが合理的です。

1　在任期間

退職慰労金は、在任中の功労に対する対価です。

執行役員として、会社の発展、業績の向上に貢献するためには、長く役員を務めることが必要です。2年よりも4年、4年よりも6年、執行役員を務めるほうが貢献できます。

在任期間と貢献度とは、一般的に正比例しています。このため、退職慰労金の算定に当たっては、在任年数を勘案するのがよいでしょう。

2　執行役員歴

執行役員について、「専務執行役員」、「常務執行役員」、「執行役

員」などの役位を設けている会社が多くあります。

役位が上になればなるほど、責任が重くなります。また、大きな権限を持って重要な問題を処理することになるので、業績への貢献度も大きくなります。

このため、役位を設けている会社の場合は、在任中の役員歴を退職慰労金の決定に反映させるのが合理的です。すなわち、

・どのポストにどれくらいの期間在任したか

・退任時の役位は何であったか

を織り込んで退職慰労金を計算することにします。

3　退任時の報酬

報酬は、業務執行の対価として支給されるものです。当然のことですが、遂行が困難な業務、責任が重い業務ほど、高い報酬が支払われます。報酬は、担当する業務の困難さ、責任の重さを表す指標であるといえます。

このため、退任時の報酬を勘案して退職慰労金を計算します。

なお、報酬に代えて、役位別に定額を定め、これを退職慰労金の算定において活用するという方法もあります。

この場合、役位別の定額は、例えば、次のように決めます。

専務執行役員　　　　1,400,000円

常務執行役員　　　　1,200,000円

執行役員　　　　　　1,000,000円

4　退職慰労金の決め方

uestion　執行役員の退職慰労金の決め方に
は、実務的にどのような方法があ
りますか。

Answer　　Σ（役位別定額または報酬×役位別期間）、
Σ（役位別定額または報酬×役位別倍率×役位別期間）、
退任時報酬×Σ（役位別倍率×役位別期間）、退任時報酬
×執行役員在任期間×退任時の役位別倍率、退任時報酬×
執行役員在任期間などがあります。

解　説

　執行役員の退職慰労金の算定方法には、主として、次のようなも
のがあります。

1　Σ（役位別定額または報酬×役位別期間）

　これは、専務執行役員、常務執行役員、執行役員という「役位ご
との定額または報酬」に、「役位別の在任期間」を乗じたものの総
和をもって、執行役員の退職慰労金とするというものです。

2　Σ（役位別定額または報酬×役位別倍率×役位別期間）

　これは、専務執行役員、常務執行役員、執行役員という「役位ご
との定額または報酬」に、「役位別の倍率」を掛け、さらに「役位

別の在任期間」を乗じたものの総和をもって、退職慰労金とするというものです。

3 退任時報酬×Σ（役位別倍率×役位別期間）

これは、専務執行役員、常務執行役員、執行役員という「役位ごとの倍率」に「役位別の在任期間」を乗じたものの総和を求め、その総和に「退任時の報酬」を乗じることによって、退職慰労金を算定するというものです。

4 退任時報酬×執行役員在任期間×退任時の役位別倍率

これは、「退任時の報酬」、「執行役員在任全期間」および「退任時の役位別倍率」の3つを乗じることによって、退職慰労金を算定するというものです。

5 退任時報酬×執行役員在任期間

これは、「退任時の報酬」に「執行役員在任全期間」を乗じることによって、退職慰労金を算定するというものです。

退任時の報酬が高ければ高いほど、また、執行役員の在任期間が長ければ長いほど、退職慰労金が多くなります。

退職慰労金の算定方式としては、簡潔明瞭であるといえます。

6 退任時報酬×役員在任年数別支給率

これは、在任年数別に支給率を定め、その支給率に「退任時の報酬」を乗じることによって、退職慰労金を算定するというものです。

支給率は、例えば、1年＝2、2年＝3、3年＝4……というように、在任年数ごとに決めます。

5　Σ（役位別定額または報酬×役位別期間）方式とは

Question　Σ（役位別定額または報酬×役位別期間）方式とは、具体的にどのようなものですか。

Answer　これは、専務執行役員、常務執行役員、執行役員という役位ごとの定額または報酬に、役位別の在任期間を乗じたものの総和をもって、その執行役員の退職慰労金とするというものです。

解　説

1　Σ（役位別定額または報酬×役位別期間）方式とは

執行役員について、「専務執行役員」、「常務執行役員」、「執行役員」という役位を設けている会社が多くあります。このように役位を設けている場合、どのような経歴を経て退任するかは、役員一人ひとりによって異なります。専務執行役員で退任する者もいれば、執行役員だけで退任する者もいます。

Σ（役位別定額または報酬×役位別期間）方式は、「役位ごとの定額または報酬」に、「役位別の在任期間」を乗じたものの総和をもって、退職慰労金とするというものです。

役位ごとの退職金を積み上げて総退職慰労金とするところに、この方式の大きな特徴があります。

2 Σ（役位別定額または報酬×役位別期間）方式の事例

事例を示すと、次のとおりです。

次のような経歴を経て退任する者がいるとする。

執行役員	6 年
常務執行役員	4 年
専務執行役員	4 年

一方、役位別の定額が次のように決められているとする。

執行役員	100万円
常務執行役員	120万円
専務執行役員	140万円

この場合、退職慰労金は、次のように計算される。

執行役員分	100× 6 年＝600万円
常務執行役員分	120× 4 年＝480万円
専務執行役員分	140× 4 年＝560万円
合計	1,640万円

---

6 Σ（役位別定額または報酬×役位別倍率×役位別期間）方式とは

Question Σ（役位別定額または報酬×役位別倍率×役位別期間）方式とは、具体的にどのようなものですか。

Answer これは、専務執行役員、常務執行役員、執行役員という役位ごとの定額または報酬に、役位別の倍率を掛け、さらに、それぞれの役位の在任期間を乗じたものの総和をもって、執行役員の退職慰労金とするというものです。

解　説

1　Σ（役位別定額または報酬×役位別倍率×役位別期間）とは

執行役員について、専務執行役員、常務執行役員、執行役員という役位を設けている会社があります。このような会社の場合、「役位ごとの定額または報酬」に、「役位別の倍率」を掛け、さらに「役位ごとの在任期間」を乗じたものの総和をもって、執行役員の退職慰労金とするというものです。

2　Σ（役位別定額または報酬×役位別倍率×役位別期間）の事例

事例を示すと、次のとおりです。

次のような経歴を経て退任する者がいるとする。

執行役員	4年
常務執行役員	2年
専務執行役員	2年

一方、役位別の定額が次のように決められているとする。

執行役員	100万円
常務執行役員	120万円
専務執行役員	140万円

また、役位別倍率が次のように定められているとする。

執行役員	1.8
常務執行役員	1.9
専務執行役員	2.0

この場合、退職慰労金は、次のように計算される。

執行役員分	100×1.8×4年＝720万円
常務執行役員分	120×1.9×2年＝456万円
専務執行役員分	140×2.0×2年＝560万円
合計	1,736万円

7 退任時報酬×Σ（役位別倍率×役位別期間）方式とは

Question 退任時報酬×Σ（役位別倍率×役位別期間）方式とは、具体的にどのようなものですか。

Answer これは、専務執行役員、常務執行役員、執行役員という「役位ごとの倍率」に「役位別の在任期間」を乗じたものの総和を求め、その総和に「退任時の報酬」を乗じることによって、執行役員の退職慰労金を算定するというものです。

解　説

1　退任時報酬×Σ（役位別倍率×役位別期間）方式とは

執行役員について、役位（専務執行役員、常務執行役員、執行役員）を設けている会社があります。このような会社の場合、「役位ごとの倍率」に「役位別の在任期間」を乗じたものの総和を求め、その総和に「退任時の報酬」を乗じることによって、退職慰労金を算定します。

2　退任時報酬×Σ（役位別倍率×役位別期間）の事例

事例を示すと、次のとおりです。

次のような経歴を経て退任する者がいるとする。

執行役員	4年
常務執行役員	2年
専務執行役員	2年

　一方、業務遂行の困難さや責任の重さなどを勘案して、役位別倍率が次のように定められているとする。

執行役員	1.8
常務執行役員	1.9
専務執行役員	2.0

　この役員の場合、役位別倍率×役位別期間の総和は、次のように計算される。

執行役員分	1.8×4年＝7.2
常務執行役員分	1.9×2年＝3.8
専務執行役員分	2.0×2年＝4.0
合計	15.0

　したがって、退任時の専務執行役員の報酬が月額150万円であるすると、退職慰労金は、次のように計算される。

　（退職慰労金）150万円×15.0＝2,250万円

8 退任時報酬×執行役員在任期間方式とは

Question 「退任時報酬×執行役員在任期間」方式とは、具体的にどのようなものですか。

Answer これは、「退任時の報酬」に「執行役員在任期間」を乗じることによって、執行役員の退職慰労金を算定するというものです。

解　説

1　退任時報酬×執行役員在任期間方式とは

退任する執行役員一人ひとりによって、
- 執行役員の在任期間（在任期間が短い者もいれば、長い者もいる）
- 退任時の報酬

が異なります。

この方式は、「退任時の報酬」に「執行役員在任期間」を乗じることによって、退職慰労金を算定するというものです。

退任時の報酬が高ければ高いほど、また、執行役員の在任年数が長ければ長いほど、退職慰労金は多くなります。

2　退任時報酬×執行役員在任期間方式の事例

事例を示すと、次のとおりです。

次のような役位を歴任して退任する執行役員がいるとする。

執行役員	4年
常務執行役員	2年
専務執行役員	2年
合計	8年

また、退任時の報酬が月額150万円であるとする。

この執行役員の退職慰労金は、次のように計算される。

（退職慰労金）　150万円×8年＝1,200万円

9　退任時報酬×在任年数別支給率方式とは

Question　「退任時報酬×在任年数別支給率」方式とは、具体的にどのようなものですか。

Answer　これは、在任年数別に支給率を定め、その支給率に「退任時の報酬」を乗じることによって、執行役員の退職慰労金を算定するというものです。

支給率は、例えば、1年＝2、2年＝3、3年＝4・・・というように、在任年数に応じて決めます。

解　説

1　退任時報酬×在任年数別支給率方式とは

これは、在任年数別に支給率を定め、その支給率に「退任時の報酬」を乗じることによって、退職慰労金を算定するというものです。

この方式の場合、退任時の報酬が高ければ高いほど、また、執行役員の在任年数が長ければ長いほど、退職慰労金が多くなります。

2　退任時報酬×在任年数別支給率方式の事例

事例を示すと、次のとおりです。

在任年数別の支給率が次のように決められているとします。

在任年数	支給率	在任年数	支給率
1 年	2	16年	17
2 年	3	17年	18
3 年	4	18年	19
4 年	5	19年	20
5 年	6	20年	21
6 年	7	21年	22
7 年	8	22年	23
8 年	9	23年	24
9 年	10	24年	25
10年	11	25年	26
11年	12	26年	27
12年	13	27年	28
13年	14	28年	29
14年	15	29年	30
15年	16	30年	31

　この場合、在任16年で退任し、退任時の報酬が150万円の執行役員の退職慰労金は、次のように計算されます。

　（退職慰労金）　　150万円×17＝2,550万円

10 役位別倍率の決め方

 uestion 　役位別倍率は、どの程度とするのが適切ですか。

Answer 　執行役員1.5〜1.8程度、常務執行役員1.7〜1.9程度、専務執行役員1.8〜2.0程度とするのが適切です。

解　説

1　役位別倍率の趣旨

　取締役は、経営の最高責任者として、重要な任務と重い責任を負っています。このため、退職慰労金の支給においては、「重要な任務と重い責任を果した」という観点から、一定の優遇措置を講じることが望まれます。このような趣旨で設定されているのが「役位別倍率」です。

　役位別倍率は、取締役退職慰労金制度に固有の数値です。

2　取締役の役位別倍率の例

　取締役の役位別倍率は、例えば、次のように決められています。

取締役	1.8
常務取締役	2.0
専務取締役	2.1

副社長	2.2
社長	2.5
会長	2.5

3　執行役員の役位別倍率

　取締役の退職慰労金の算定において役位別倍率を設けている会社の場合は、執行役員の退職慰労金の算定においても、役位別倍率を用いるのがよいでしょう。

　執行役員の役位別倍率は、取締役の役位別倍率とのバランスに十分配慮して決めることが望ましいといえます。

　また、役位間の格差にも一定の配慮が加えられるべきです。報酬にも一定の格差が設けられているわけですから、役位別倍率に大きな格差を設けるのは望ましくないと判断されます。

　執行役員の役位別倍率には、必ずしも世間相場というものが形成されているわけではありませんが、一般的にいえば、取締役の役位別倍率を考慮すると、おおむね次の程度に設定するのが適切でしょう。

執行役員	1.5～1.8程度
常務執行役員	1.7～1.9程度
専務執行役員	1.8～2.0程度

11 支払日

uestion　退職慰労金は、退職後いつまでに支払うのがよいですか。

nswer　退職後１ヶ月程度以内に支払います。

解　説

1　退職慰労金の支払い

退職慰労金は、「在任中の業績に報いる」という趣旨で支給されるものです。そのような趣旨からすると、退職後できる限り速やかに支払うことが望ましいでしょう。

ただ、金額が相当の額に上るため、場合によっては、すぐには資金を用意できないこともあります。

一般的にいえば、退職後１ヶ月以内に支払うことにするのがよいでしょう。ただし、次の場合には、支払いを猶予するものとします。

・後任者との事務引き継ぎを行わないとき

・会社の貸与品を返還しないとき

・会社の貸付金を返済しないとき

・その他退職に当たり会社の指示命令に従わないとき

2　支払方法

退職慰労金は、一括して支払います。

　2回以上に分割して支払うときは、いついくら支払うかを明確にしておきます。例えば、次のとおりです。

- ・退職慰労金は、退職日の翌月末に半額を支払い、翌々月末に残りの半額を支払う
- ・退職慰労金は、3回の均等割りによって支払う。第1回は、退職日の属する月の末日、第2回は、その翌月の末日、第3回は、その翌々月の末日とする

3　死亡退職の取り扱い

　執行役員が死亡したときは、退職慰労金は、その遺族に対して支払います。遺族の範囲とその順位については、労災の遺族補償を定めた労働基準法施行規則第42条から第45条までの規定を準用するのが便利です。

12 功労金の加算

Question　退職慰労金に功労金を特別加算することについては、どのように取り扱うべきですか。

Answer　退職慰労金の30％程度以内で功労金を特別加算します。

解　説

1　特別加算の意義

　執行役員制度は、部、工場、支店、研究所など、特定の組織の長に大きな権限を与えて業務を執行させる制度です。任期満了等で退任する執行役員の中には、担当する組織の業務遂行において優れた成績を収め、会社の業績に特に貢献した者がいます。

　例えば、大口の取引先を開拓したり、新しいマーケットを開発したり、あるいは、巧みな販売方法を駆使して、売上を大きく伸ばした執行役員営業部長がいます。

　また、業務の効率化、品質の向上、生産性の向上、生産コストの削減において、優れた功績を挙げた執行役員工場長がいます。

　さらには、労使関係の安定に大きく貢献した執行役員人事部長がいます。

　このほか、独創的な新商品を開発し、会社の業績に大きく貢献し

た執行役員もいます。

そうした執行役員に対して、所定の退職慰労金を支払うだけで、ほかにはいっさい支払わないというのは、問題です。

やはり、所定の退職慰労金のほかに、功労金を特別加算することが望ましいでしょう。

2　特別加算の額

会社に特に貢献した執行役員に対しては、退職慰労金のほかに功労金を特別加算することが望ましいといっても、特別加算の額を自由に決めることは問題です。

特別加算について、一定の制限を設けないと、退職慰労金制度が恣意的になる危険性があります。実際、算定の基準を設けても、功労加算が恣意的になり、無制限に行われると、算定の基準を設ける意味がなくなってしまいます。

功労加算については、「退職慰労金の〇〇％以内とする」ということで、その上限を設けることが望ましいといえます。

上限は、30％程度とするのが適切です。

3　支給の決定

功労加算を行うことは、会社にとって重要な事項です。このため、役員会の決定に基づいて行うことにします。

（参考）功労加算に関する執行役員退職慰労金規程

（功労加算）

第〇条　在任中特別に功労があった執行役員については、所定の退職慰労金のほかに、その30％を超えない範囲において、功労加算を行う。

2　功労加算については、取締役会の決定により行う。

13 制裁としての退職慰労金の減額・不支給

> **Q**uestion　在任中に会社の信用と名誉を傷つけた執行役員に対し、退職慰労金を減額したり、不支給にしたりすることは差し支えないですか。

> **A**nswer　退職慰労金を減額したり、不支給にしたりしても、特に差し支えありません。

解　説

1　執行役員への期待と現実

　退職慰労金は、「在任中の功労に対する褒賞」という性格を持つものです。会社のために誠実に努力すること、会社の業績に貢献することが、支給の条件となります。

　執行役員は、誰もが、会社のために誠実に努力すること、会社の業績に貢献することが期待されます。

　しかし、現実には、その期待に反し、

・会社の金銭を個人的に使い込む

・業者と結託し、市価より高い価格で会社に商品を購入させる

・取引業者から賄賂を受け取る

・個人的な飲食代金の支払を取引業者に行わせる

・取引先から社会常識を超える接待を受ける

・取引先に自宅の改築費を負担させる

・職務上知り得た情報を利用して自社株式を売買し、証券取引法
　違反で逮捕される

など、会社の信用と名誉を傷つけたり、あるいは、会社に損害を与えたりする執行役員が出ることがあります。

　このような行為は、会社として許しがたいことです。

2　退職慰労金の減額・不支給

　会社の信用と名誉を傷つけたり、あるいは、会社に損害を与えたりした執行役員に対しては、その情状に応じて、退職慰労金を減額したり、あるいは不支給にしたりするべきです。

　制裁措置として、退職慰労金を減額したり、あるいは不支給にしたりしても、法律上特に問題はありません。なぜならば、退職慰労金は、無条件で支給を約束したものではないからです。「会社のために誠実に努力すること」「会社の業績に貢献すること」が退職慰労金支給の前提条件になっているからです。

（参考）退職慰労金の減額・不支給に関する執行役員退職慰労金規程

（退職慰労金の減額・不支給）

第○条　在任中、会社に著しい損害を与えた者および会社の信用と名誉を傷つけた者については、この規程で算定される退職慰労金を減額し、または不支給とすることがある。

2　退職慰労金の減額および不支給については、社長が取締役会に諮って決定する。

---

14 執行役員昇格時の社員分退職金の取り扱い

Question 社員が執行役員に昇格する場合、それまでの分の退職金は、どのように取り扱えばよいですか。

Answer 執行役員を退任するときに、執行役員退職慰労金と合わせて支給するのがよい。

解　説

1　社員からの昇格

執行役員としての責任をきちんと果たすためには、担当部門の業務内容を十分に知っていることが必要不可欠です。

このため、長年にわたって部長、工場長、支店長などのポストを務めてきた幹部社員を執行役員に昇格させるのが一般的です。外部から中途採用した者をすぐに執行役員に就任させるというケースはきわめて少ないといえます。

2　望ましい取り扱いの方法

社員から執行役員に昇格する場合、それまでの勤続年数分の退職金については、

　・執行役員に昇格する時点で支給する

　・執行役員を退任するときに、執行役員退職慰労金と合わせて支

　給する

の２つの取り扱いが考えられます。

　これら２つのうち、いずれを採用するかはそれぞれの会社の自由
ですが、

・執行役員も身分的には「社員」であること

・執行役員から社員に逆戻りするケースが生じることも考えられ
　ること

・会社として執行役員の不正を防ぐ手段を確保しておく必要があ
　ること（執行役員が何か不正を行ったり、会社に損害を与えた
　りしたときに、「社員分の退職金も支給しない」という制裁措
　置を講じる）

などを考えると、「執行役員を退任するときに、執行役員退職慰労
金と合わせて支給する」という方法を採用するのがよいといえます。

（参考）退職慰労金支給通知書

年　月　日

＿＿＿＿殿

取締役社長＿＿＿＿

退職慰労金支給通知書

下記のとおり退職慰労金を支給します。

（社員分）＿＿＿＿＿＿＿＿＿円

（執行役員分）＿＿＿＿＿＿＿円

　　合計＿＿＿＿＿＿＿＿＿円

（支払日）　　年　月　日

以上

15 取締役昇格時の退職慰労金の取り扱い

Question　執行役員が取締役に昇格する場合、執行役員分の退職慰労金は、どのように取り扱えばよいですか。

Answer　取締役に昇格するときに、執行役員退職慰労金を支給するのがよい。

解　説

1　執行役員からの昇格

　取締役の任務は、会社法の定めるところにより、「全社的な意思決定と取締役の監督」を行うことです。取締役としての業務をきちんと果たすためには、会社で実際に行われている業務の内容と組織の性格を十分に知っていることが必要不可欠です。

　このため、長年にわたって部長、工場長、支店長などのポストを務めてきた執行役員を取締役に昇格させるのが一般的です。

2　望ましい取り扱いの方法

　執行役員から取締役に昇格する場合、それまでの勤続年数に相応する退職金の取り扱いについては、

・取締役に昇格する時点で支給する

・取締役を退任するときに、執行役員退職慰労金と合わせて支給

　　する

の2つが考えられます。

　これら2つのうち、いずれを採用するかはそれぞれの会社の自由ですが、執行役員と取締役は、身分がまったく異なります。執行役員の身分は「社員」ですが、取締役は「取締役」であって、社員ではありません。

　執行役員は取締役会において選任されるのに対し、取締役は株主総会において選任されます。

　これらのことを考えると、「執行役員から取締役に昇格するときに、執行役員退職金を支給する」という方法を採用するのがよいといえます。

（参考）退職慰労金支給通知書

```
                                    年　　月　　日

_____殿

                          取締役社長_____
              退職慰労金支給通知書
  下記のとおり執行役員分の退職慰労金を支給します。
（退職慰労金）_____円
（支払日）　　年　月　日
                                          以上
```

16 取締役執行役員の退職慰労金の取り扱い

**uestion**　執行役員を兼ねている取締役の退職慰労金は、どのように取り扱うべきですか。

Answer　取締役分と執行役員分とに区分して支給するのがよいでしょう。

解　説

1　取締役執行役員の退職慰労金の取り扱い

　執行役員には、執行役員だけの者もいれば、取締役を兼ねている者もいます。

　取締役を兼務している執行役員（取締役執行役員）は、その立場上、

　　・全社的な意思決定と取締役の監督という「取締役としての職務」
　　・特定の部門の長として業務を執行する「執行役員としての職務」

の2つを遂行しています。

　このように、性格の異なる2つの職務を遂行していることを考えると、取締役執行役員の退職慰労金は、

　　・取締役の職務執行に対する退職慰労金

　・執行役員の職務執行に対する退職慰労金
とから構成することにするのが合理的です。

2　株主総会の決議

　取締役執行役員の退職慰労金を、
　・取締役の退職慰労金
　・執行役員の退職慰労金
の2つに区分して支給する場合、取締役分の支給については、株主
総会の決議が必要です。

　これに対し、執行役員分の支給については、株主総会の決議は必
要ありません。執行役員は、会社法上の役員ではないためです。

3　取締役会の承認

　取締役執行役員の退職慰労金を「取締役の退職慰労金」と「執行
役員の退職慰労金」の2つに区分して支給する場合、執行役員分の
支給は、会社法が定める「会社と取締役との取引」（いわゆる自己
取引）に該当します。このため、取締役会の承認を得た上で、支給
することが必要です。

取締役執行役員の退職慰労金

取締役分の退職慰労金――――――――株主総会の決議が必要

執行役員分の退職慰労金――――――――取締役会の承認が必要

第11章　執行役員の福利厚生

1　社会保険

執行役員の社会保険は、どのように取り扱えばよいですか。

Answer　社会保険のすべて（厚生年金保険、健康保険、介護保険、雇用保険および労災保険）に加入します。

解　説

1　厚生年金保険

　厚生年金保険に加入していると、老後に厚生年金が支給されるので便利です。老後の生活の安定が図られます。

　厚生年金保険は、会社に使用される人を被保険者としています。

　一般の取締役はもとより、代表取締役社長も、「会社に使用されている」とみなされ、被保険者になれます。

　執行役員は、担当部門の業務の執行について幅広い裁量権を与えられていますが、「会社に使用されている」という立場にあります。したがって、厚生年金保険に加入できます。

2　健康保険

　健康保険に加入していると、健康を害したときに安い費用で医療サービスを受けることができるので便利です。

　健康保険の対象者は、厚生年金保険と同様に、「会社に使用されている」者です。

　執行役員は、担当部門の業務の執行について幅広い裁量権を与えられていますが、「会社に使用されている」という立場にあります。したがって、健康保険に加入できます。

3　介護保険

　介護を事由として支給される保険です。満40歳以上の者が被保険者となります。

4　雇用保険

　雇用保険は、労働者の保護を目的とする制度です。不幸にして職を失った場合に、一定期間失業給付を受けられるので便利です。

　執行役員は、担当部門の業務の執行について幅広い裁量権を与えられていますが、「会社に雇用され、社長の包括的な指揮命令を受けて業務に従事する」という立場にあります。したがって、「労働者性」を有し、雇用保険に加入できます。

　なお、執行役員の労働者性を証明するため、執行役員を、労働基準法に定める労働者名簿および賃金台帳に記載しておくのがよいでしょう。

5　労災保険

　労災保険は、業務上の傷病に対して補償を行うための保険です。執行役員は、労働者性を有するので、労災保険に加入できます。

執行役員の社会保険の取り扱い

厚生年金保険	加入する
健康保険	加入する
介護保険	加入する
雇用保険	加入する
労災保険	加入する

2 生命保険

 執行役員の生命保険は、どのように取り扱うのがよいですか。

Answer 生命保険に加入し、退職慰労金、死亡弔慰金などに充当するのがよい。

解　説

1　生命保険加入の意義

　執行役員の退職慰労金は、一般の社員に比較して高額となります。また、執行役員に万一のことがあると、さまざまな費用の支出を迫られます。このため、会社としては、ふだんから退職慰労金の確保に努めることが望ましいといえます。

　退職慰労金、弔慰金等を安全確実に手当する一つの方法は、生命保険に加入することです。そして、万一の場合が生じたときは、生命保険会社から支払われる保険金を退職慰労金、弔慰金などに充当します。

2　保険金の決め方

　保険金の決め方には、
　　・役位に関係なく一律とする
　　・役位別に決める

の2つがあります。

　役位によって退職慰労金と死亡弔慰金とに差が設けられているのが一般的なので、役位別に保険金を決めるのが合理的です。

3　保険料

　保険料は会社が負担します。

4　保険金の受取人

　執行役員が死亡した場合に、保険金の受け取りをめぐって、遺族との間において、トラブルが生じるようなことがあってはなりません。

　このため、「保険金の受取人は会社であること」「保険金は会社が受け取り、退職慰労金、死亡弔慰金などに充当すること」を明確にしておきます。

（参考）保険金の例

	死亡保険金
専務執行役員	3,000万円
常務執行役員	2,500万円
執行役員	2,000万円

3 慶弔見舞金

 執行役員の慶弔見舞金は、どのように取り扱うのがよいですか。

 慶弔事に見舞金を支給することが望ましい。

解　説

1　慶弔見舞金の種類

　結婚や死亡などの慶弔事に対して祝い金や見舞金を贈ることは、会社の代表的な福利厚生です。執行役員についても、慶弔見舞金を贈ることが望ましいでしょう。

　慶弔見舞金の種類としては、一般的に、次のようなものがあります。

　　結婚祝金／子女結婚祝金／出産祝金／傷病見舞金／災害見舞金／死亡弔慰金

2　金額の決め方

　金額の決め方には、
　　・全執行役員一律に一定額を支給する
　　・役位ごとに決める
の2つがあります。

3　支給の時期

　慶弔見舞金は、その性格上、慶弔事が発生したらできる限り速やかに支給することが望ましいでしょう。

（参考）執行役員慶弔見舞金支給額の例

1	結婚祝金	初婚	70,000円
		再婚	35,000円
2	子女結婚祝金	初婚	50,000円
		再婚	25,000円
3	出産祝金		20,000円
4	傷病見舞金	業務上傷病	50,000円
		業務外傷病	20,000円
5	死亡弔慰金	業務上死亡	500,000円
		業務外死亡	250,000円
6	家族死亡弔慰金	配偶者	100,000円
		子　女	50,000円
		実父母	30,000円
7	災害見舞金	全焼、全壊	300,000円
		半焼、半壊	150,000円
		一部損失	75,000円

4　健康診断

uestion　執行役員の健康診断は、どのように取り扱うのがよいですか。

nswer　年1回、定期健康診断を実施することが必要です。

解　説

1　労働安全衛生法の定め

　働くうえでの健康の重要性は、いくら強調しても強調しすぎることはありません。会社は、社員の健康異常をできる限り早期に発見し、適切な対応を講じる必要があります。

　このため、労働安全衛生法は、「事業者は、労働者に対し、厚生労働省令で定めるところにより、医師による健康診断を行わなければならない」（第66条第1項）と定め、会社に対し、健康診断の実施を義務付けています。

　健康診断の項目は、

　・既往歴および業務歴の調査

　・自覚症状および他覚症状の有無の検査

　・身長、体重、視力および聴力の検査

　・胸部エックス線検査および喀痰（かくたん）検査

　・血圧の測定

　　・貧血検査

　　・肝機能検査

　　・血中脂質検査

　　・血糖検査

などです。

2　健康診断の実施

　執行役員は、役員という名称が付されてはいるが、会社に雇用され、社長の指揮命令に従って業務を遂行する立場にあります。このため、労働基準法上は「社員」です。したがって、労働安全衛生法が適用されます。

　執行役員の健康保持の必要性は、一般の社員と何ら変わりはありません。執行役員は、部門業務の最高責任者であるから、健康の確保は、むしろ一般の社員以上に重要であるともいえます。

　このため、毎年1回、定期的に健康診断を行うことが必要です。

3　本人への通知

　健康診断を行ったときは、その結果を本人に通知します。

5　人間ドック

uestion　執行役員の人間ドック受診については、どのように取り扱うのがよいですか。

nswer　会社が費用を負担することにより、年1回定期的に実施することが望ましいといえます。

解　説

1　健康の重要性

　執行役員がその業務を遂行する上において、健康の保持はきわめて重要です。健康の重要性は、いくら強調しても強調しすぎることはありません。このため、会社は、執行役員の健康の維持・増進について、十分配慮することが必要です。

　健康管理において、人間ドッグが果たす役割はきわめて大きいものです。しかし、人間ドッグの受診には相当の費用がかかります。このため、会社として費用の全部あるいは一部を補助することにより、執行役員の人間ドッグ受診を奨励し、積極的に健康増進を図ることが望ましいでしょう。

2　対象者

　対象者は、執行役員全員とします。この場合、執行役員本人のみ

ならず、配偶者も対象とすることが望ましいでしょう。配偶者も健康であることが必要であるからです。

3　受診する人間ドック

受診する人間ドックについては、
・本人の自由に委ねる
・会社で病院とコースを指定する
の2つがあります。

会社で制度的に実施する以上、会社のほうで、受診する病院とコースを指定するのがよいでしょう。例えば、次のとおりです。

本人　　　　○○病院の1日コースまたは1泊2日コース
配偶者　　　○○病院の半日コースまたは1日コース

4　費用の補助率

費用の補助率を定めます。会社で100％補助することが望ましいのですが、健康の維持は本人にとってもメリットが大きいので、一部を本人に負担させることもやむを得ないでしょう。例えば、次のとおりとします。

役員本人————80％補助
配偶者————50％補助

5　受診回数

健康の維持、疾病への早期対応という観点からすると、定期的に人間ドックを受診し、健康管理を行うことが必要です。
受診回数は、年間1人1回とするのが現実的です。

6 ストックオプション

Question　執行役員のストックオプション制度については、どのように取り扱ったらよいですか。

Answer　譲渡予定株式数、権利行使価格および権利行使期間を明確にすることが必要です。

解　説

1　ストックオプション制度とは

「ストックオプション制度」は、役員・社員に対し、あらかじめ決められた価格で会社の株式を購入できる権利を譲渡する制度です。株式市場において株価が上昇した場合に株式を売却すれば、売却価格と譲渡価格との差額がその役員・社員の利得となります。

例えば、300円で5,000株の株を購入できる権利を与えられた役員の場合、会社の業績が好調で株価が300円から500円に値上がりすれば、その役員は、与えられた権利を行使することにより、次の利益を得ることができます。

（利益）　200円×5,000株＝1,000,000円

執行役員は、各部門の業績を達成する責任を負っています。このため、ストックオプションの適用に適しています。

2 決定事項

ストックオプション制度を適用するときは、あらかじめ次の事項を決めておきます。

(1) 譲渡予定株式数

譲渡予定株式数の決め方には、次の2つがあります。

・全執行役員一律とする

・役位に応じて決める

(2) 権利行使価格

権利行使価格は、ストックオプションの実施について承認を得る株主総会の直前の株価とするのが適切です。

(3) 権利行使期間

権利行使期間を具体的に決めます。一般的にいえば、ストックオプションの実施について株主総会で承認された日から2、3年程度以内とするのが適切でしょう。

(4) 権利行使猶予期間

権利を行使することはできない期間（権利行使猶予期間）を定めます。例えば、ストックオプションの実施について株主総会で決議された日から翌年の3月31日までを権利行使猶予期間とします。

(5) 会社への届出義務

執行役員がストックオプションの権利を行使するときは、あらかじめ会社に、権利行使株式数や権利行使日などを届け出ることにします。

(6) 権利行使上の注意点

執行役員に対し、「権利の行使に当たっては、インサイダー取引の疑惑をもたれることのないよう十分注意すること」を周知徹底しておきます。

第12章　執行役員の出張旅費

1 出張扱いの基準

 **Question** 出張基準の決め方には、どのようなものがありますか。

Answer　距離を基準とする方式、所要時間を基準とする方式、距離と所要時間の双方を基準とする方式などがあります。

解　説

1　出張旅費の支給

　執行役員は、部門業務の執行責任を負っているので、会議、視察、折衝、営業などで出張する機会が多くあります。執行役員が業務の関係で出張するときは、交通費、日当、宿泊費を支給します。

2　出張扱いの基準

　出張旅費を支給するときは、出張の基準を明確にしておくことが必要です。基準の決め方には、次のようなものがあります。

(1)　距離基準方式

　出張は、一般に「遠いところへ行くこと」です。このため、距離を基準として決めます。例えば、「片道50km 以上」というように決めます。

　距離基準方式は、客観的で分かりやすいといえます。

(2)　時間基準方式

　出張は、出張先への往復時間に加え、出張先での業務遂行について一定の時間を必要とします。このため、時間を基準とすることも考えられます。例えば、「所要時間が4時間以上にわたる場合」を出張扱いとします。

　この方式も、客観的でわかりやすいのですが、同じ場所に出かけても、所要時間によって、出張扱いとなったり、ならなかったりするという問題があります。

(3)　距離・時間併用方式

　これは、距離と所要時間の双方を基準とするというものです。

　例えば、「片道50km以上、かつ、所要時間が4時間以上にわたる場合」を出張扱いとします。

（参考）執行役員出張規程

（定義）

第○条　この規程において、「出張」とは、会社の命令により、50km以遠の地域において業務に従事することをいう。

（旅費の支給）

第○条　出張に対しては、旅費を支給する。旅費の種類は、鉄道賃、船舶賃、航空賃、自動車賃、日当および宿泊料とする。

2 交通機関の利用基準

uestion　交通機関の利用については、どのような点を勘案して決めるのが合理的ですか。

nswer
距離と費用を勘案して決めるのがよい。

解　説

1　グリーン車の利用基準

グリーン車の利用については、
・すべての執行役員について認める
・役付執行役員に限って認める
などがあります。

2　急行、特急の利用基準

急行および特急については、主として、
・距離の長短にかかわらず認める
・一定の距離以上に限って認める
の2つがあります。

特別料金が必要になるため、距離を基準に利用を認めるのが適切です。例えば、出張が片道50km以遠にわたる場合に限って認めます。

3　新幹線の利用基準

　新幹線についても、主として、

・距離の長短にかかわらず認める

・一定の距離以上に限って認める

の2つがあります。

　新幹線は便利ですが、特別料金が必要になります。経費の節減という観点からすると、距離を基準に利用を認めるのが適切です。例えば、出張が片道50km以遠にわたる場合に限って認めます。

4　航空機の利用基準

　一定距離以上のところへ出張するときは、航空機の利用を認めます。

3 宿泊料と日当の決め方

 uestion 　宿泊料と日当は、どのように決めるのが合理的ですか。

 nswer
役位ごとに決めるのがよい。

解　説

1　宿泊料の決め方

⑴　定額方式と実費方式

宿泊料の取り扱いには、「定額を支給する方式」と「実費を支給する方式」とがあります。

出張旅費の取り扱いを事務的、機械的、効率的に行うという観点からすると、「1泊当たりいくら」という定額支給方式を採用するのが便利です。

⑵　定額方式の決め方

定額制を採用する場合、その決め方には、

・出張地域にかかわらず、すべての執行役員に一律に一定額を支給する

・出張地域にかかわらず、役位ごとに一定額を支給する

・出張地域を「大都市」と「それ以外の都市」とに区分し、その区分ごとに、全執行役員に一定額を支給する

・出張地域を「大都市」と「それ以外の都市」とに区分し、その

　　区分ごと、かつ、役位ごとに一定額を支給する
などがあります。

　役位によって、責任の重さ、果たすべき役割が異なります。また、大都市と中小都市とでは、宿泊料が異なります。このため、出張先を「大都市」と「それ以外」とに区分し、役位ごとに決めるのが合理的です。

2　日当の決め方

　出張に対しては、食事代や通信費や新聞代などの諸経費をカバーし、かつ、精神的・身体的な疲労に報いるために、日当が支給されます。日当については、

　　・すべての執行役員に一律に一定額を支給する

　　・役位ごとに一定額を支給する

という2つの取り扱いがあります。

　役位によって、責任の重さ、果たすべき役割が異なります。このため、役位ごとに一定額を支給するのが適切です。

3　日当の水準

　日当は、交通費や宿泊費以外の「諸雑費（食事代、喫茶代、通信費、その他）の補填」という性格を持つものです。交通費、宿泊費、接待費、資料購入費などに充当されるものではありません。このため、いくら執行役員とはいえ、常識的に判断し、「万」というオーダーで日当を設定するのは適切とはいえません。

　一般的、常識的にいえば、執行役員の日当は5,000円程度とするのが妥当です。

4　出張旅費節減の工夫

> **Q**uestion　　業績不振のため、経費削減の一環
> として執行役員出張旅費の節減を
> 行いたいのですが、実務的にどのような方法があ
> りますか。

Answer　　格安チケットの購入、割引チケットの利用、
グリーン車の利用制限などがあります。

解　説

執行役員出張旅費の削減には、実務的に次のような方法があります。

1　格安チケットの購入

最近は、新幹線、飛行機などのチケットを格安で販売する業者があります。

格安チケットを購入し、出張する執行役員に交付します。

2　割引チケットの利用

JRや航空会社では、往復割引、早朝割引、早期予約割引など、さまざまな割引チケットを発売しています。

出張する執行役員に対し、「出張経費を節減するため、できる限り割引チケットを利用するように」と勧めます。

3　グリーン車の利用制限

　グリーン車は快適です。このため、執行役員に利用を認めている会社が多くあります。しかし、快適である分だけ料金が高くなります。

　執行役員にグリーン車の利用を認めている会社の場合は、その利用を制限します。例えば、役付執行役員に限って認め、その他の執行役員は、普通車を利用することにします。

4　日帰り出張の励行

　日帰り出張が可能である場合は日帰り出張をするように、執行役員の協力を求めます。これにより、少しでも、出張旅費を節減します。日帰り出張は、身体が疲れますが、経費節減のためには止むを得ないといえます。

5　会議のオンライン化

　最近は、オンラインで会議を開く会社が増えています。

　オンラインで会議の目的を達成できる場合は、オンラインで開催します。

5　海外出張旅費の種類

uestion　海外出張旅費の種類には、どのようなものがありますか。

Answer　支度料、海外渡航手続費、交通費、宿泊費および日当などがあります。

解　説

1　海外出張旅費の種類

　経済の国際化、グローバル化が激しいテンポで進んでいます。これに伴って、会社の取引も、国際化、グローバル化が進展しており、執行役員が海外に出張する機会が増えています。

　執行役員の海外出張に対しては、旅費を支給します。旅費の種類は、一般的に次のとおりです。

（1）　支度料

　海外へ出張するときは、さまざまな準備をしなければなりません。支度料は、海外出張の準備に当てられる費用です。

　なお、最近は、海外旅行が一般化しているため、支度料は特に支給しない会社が増えているといわれます。

（2）　海外渡航手続費

　これは、海外への渡航に必要な手続きに充てられる費用です。

（3）　交通費

　航空賃をはじめ、鉄道賃、船舶賃、自動車賃など、現地での移動に必要な交通費を支給します。

⑷　宿泊費

　宿泊費を支給します。

⑸　日当

　食事代をはじめとする諸雑費を補填するために、日当を支給します。

2　海外渡航手続費

　海外渡航手続費の主な項目は、次のとおりです。

・旅券交付手数料

・査証料

・外貨交換手数料

・予防注射代

・出入国税

6　海外出張の宿泊費と日当

uestion　海外出張の宿泊費と日当について
　　　　　　　は、どのように取り扱うのがよい
ですか。

nswer　役位を基準として決めるのがよい。

解　説

1　宿泊費の取り扱い

宿泊費の取り扱いについては、
- ・全執行役員一律に定額を支給する
- ・役位ごとに定額を支給する
- ・全執行役員とも実費を支給する

などがあります。

2　日当の取り扱い

日当の取り扱いについては、
- ・全執行役員一律に定額を支給する
- ・役位ごとに定額を支給する

の2つがあります。

役位によって、責任の重さ、果たすべき役割が異なります。このため、役位ごとに定額を支給することにするのが適切です。

例えば、次のように決めます。

専務執行役員	1日60ドル
常務執行役員	1日55ドル
執行役員	1日50ドル

3　表示通貨

宿泊費および日当については、出張先で支出する関係上、表示通貨をどのようにするかを決めることが必要です。

表示方法には、

・ドル建てとする

・円建てとする

・各国通貨建てとする

の3つがあります。

かつては、ドル建ての会社が圧倒的に多かったようです。現在でも、ドル建ての会社が多くを占めていますが、最近は、円建ての会社が増えているといわれています。

7　海外旅行傷害保険への加入

 **uestion**　海外旅行傷害保険については、どのように取り扱うべきですか。

Answer　役位によって保険金を決め、保険料は全額会社で負担します。

解　説

1　保険に加入する

　海外出張は、国内出張に比較すると、危険性が大きくなります。航空機の事故、自動車・バスの事故、ホテルの火災、携行品の盗難、階段での転倒、食中毒、食事や天候の違いによる体調不良、過密なスケジュールによる過労・・・さまざまなリスクがあります。リスクに遭遇すると、費用の支出を迫られます。

　このため、海外旅行傷害保険に加入し、リスクの発生に備えるのがよいでしょう。

　保険金については、

　・全執行役員一律とする

　・役位ごとに決める

の2つがあります。

　一般に、役位によって、退職慰労金、死亡弔慰金の額が異なります。このため、役位ごとに保険金を決めるのが合理的です。例えば、

次のとおりです。

海外旅行傷害保険

	死亡の場合	治療の場合
専務執行役員	4,000万円	600万円
常務執行役員	3,000万円	600万円
執行役員	2,500万円	600万円

2　保険料の負担

海外旅行傷害保険の保険料は、全額会社で負担します。

3　保険金の使途

死亡した場合に支払われる保険金は、会社に戻し入れます。会社は、保険金を退職慰労金、弔慰金などに充当します。

また、疾病・傷害に対して支払われる保険金は、治療費に充当します。

なお、執行役員海外出張旅費規程などにおいて、「死亡保険金は会社が受け取り、退職慰労金、弔慰金などに充当する」ことを明確にしておくべきです。

第13章　執行役員の表彰と懲戒

1 表彰

uestion　執行役員の表彰については、どのように取り扱うのがよいですか。

nswer　業務上有益な発明・工夫・考案などを行って業績に貢献したときなどに、表彰するのがよい。

解　説

1　表彰の事由

執行役員が次のいずれかに該当するときは、会社として表彰するのがよいでしょう。

(1)　業務上有益な発明、工夫、改良または考案のあったとき

(2)　災害を未然に防止したとき、または災害の際特に功労のあったとき

(3)　永年誠実に勤務したとき

(4)　社会的な善行により、会社の信用と名誉を高めたとき

(5)　その他表彰に値する行為または功労のあったとき

2　表彰の方法

表彰は、賞状を授与し、副賞として記念品または金一封を贈ることによって行います。

3　決定手続き

　表彰は、会社として公式に行うものです。したがって、取締役会
の決定により行うことにします。

（参考）表彰についての取締役会議事録

第○号議案　執行役員○○○○氏の表彰の件
　議長は、執行役員○○○○氏について、下記の事由により表彰
することとし、賞状と金一封を贈りたい旨を述べ、これを出席者
に諮ったところ、全員異議なくこれを承認した。
（表彰事由）＿＿＿＿＿＿＿＿＿＿＿＿＿＿＿＿＿＿＿＿＿＿＿＿＿
＿＿＿＿＿＿＿＿＿＿＿＿＿＿＿＿＿＿＿＿＿＿＿＿＿＿＿＿＿＿＿
＿＿＿＿＿＿＿＿＿＿＿＿＿＿＿＿＿。

2 懲戒の事由と方法

 **uestion** 執行役員の懲戒については、どのように取り扱うのがよいですか。

Answer 　取締役社長または取締役会の指示命令に従わなかったり、会社に重大な損害を与えたりしたときは、懲戒処分を行うのがよい。

解　説

1　懲戒の事由

執行役員が次のいずれかに該当するときは、懲戒処分に付します。

- (1)　取締役社長または取締役会の業務上の指示命令に従わず、業務の正常な運営を妨げたとき
- (2)　会社の規則・規定を守らず、秩序を乱したとき
- (3)　故意または重大な過失により、会社に重大な損害を与えたとき
- (4)　故意または重大な過失により、災害を発生させたとき
- (5)　法令に違反する行為のあったとき、または部下に対し、法令に違反する行為を指示したとき
- (6)　会社の許可を得ることなく、他に雇用されたとき、または自ら事業を営んだとき
- (7)　会社の営業上の秘密を他に漏らしたとき

(8)　職務上の権限を濫用したとき

(9)　職務上の地位、権限を利用して、不当に個人的な利益を得た
とき

(10)　会社の金品を着服、横領したとき

(11)　会社の信用、名誉を著しく傷つけたとき

(12)　部下の管理監督、業務指導または指示に適切さを欠き、業務
に著しい支障を与えたとき

(13)　その他執行役員として不適切な行為のあったとき

2　懲戒処分の方法

懲戒は、その情状により、次のいずれかによって行います。

(1)　訓戒（譴責、戒告）

始末書を取り、将来を戒めます。

(2)　減給

始末書を取り、1ヶ月の報酬を10％以内で減額します。

(3)　出勤停止

始末書を取り、10日程度以内で出勤を停止します。その期間の報
酬は支給しません。

(4)　停職

6ヶ月程度以内において、執行役員としての職務を停止します。

(5)　懲戒解雇

予告期間を設けることなく即時に解雇します。労働基準監督署長
の認定を受けたときは、予告手当を支給しません。

3 訓戒（譴責、戒告）

uestion　執行役員を訓戒処分にするときの
　　　　　　ポイントはどこにありますか。

nswer

始末書を提出させるのがよい。

解　説

1　訓戒

　これは、始末書を取り、将来を戒めるというものです。懲戒処分の中では、最も軽い処分です。

　執行役員が不祥事を起こしたときに、始末書を提出させるか提出させないかは会社の自由ですが、不祥事の責任を明確にし、反省を求めるという観点からすると、始末書を提出させるのがよいといえます。

2　処分の手続き

　訓戒は、懲戒処分の中では最も軽い処分ですが、会社として行うものであるから、取締役会の決定によって行うべきです。

3　人事記録への登載

　執行役員を訓戒処分に付したときは、次の事項を、本人の人事記録に登載しておきます。

・処分の年月日

・処分の事由

・処分の内容

（参考）訓戒処分に関する取締役会議事録

第〇号議案　執行役員〇〇〇〇氏の懲戒処分に関する件

　議長は、執行役員〇〇〇〇氏について、その職務上の責任を問い、情状を酌量のうえ、訓戒処分にしたいと出席者に諮ったところ、全員異議なくこれを承認した。

4 減給

 uestion 執行役員を減給処分にするときの
ポイントはどこにありますか。

nswer

報酬の10％以内において減額します。

解　説

1　労働基準法の適用

　減給は、執行役員の報酬を減額するという処分です。

　執行役員は、会社と「雇用関係」にあります。したがって、身分上は「社員」であり、労働基準法が適用されます。執行役員と会社との関係が完全な「委任関係」であれば、労働基準法は適用されませんが、そうではないので労働基準法が適用されます。

　減給の幅が大きいと、社員の生活にきわめて深刻な影響を与えます。また、減給処分を受けている期間も、本人は通常どおり会社の業務に従事するわけですから、減給の幅をあまり大きくするのは適切ではありません。そこで、労働基準法は、「減給の額は、1回の額が平均賃金の1日分の半額を超え、総額が1ヶ月の賃金の10％を超えてはならない」と規定しています（第91条）。

2　減給の限度

　執行役員を減給処分にする場合、その上限は10%とします。例えば、報酬が月額90万円の執行役員の場合、減額の総額は月額9万円にとどめます。

　もしも、不祥事の内容からみて報酬の30%減額が妥当であると判断されるときは、10%の減額を3ヶ月間行うことにします。一度に報酬の30%を減額し、残りの70%だけ支給するというのは、労働基準法違反となります。

3　決定手続き

　執行役員の減給処分は、取締役会の決定によって行います。

（参考）報酬減額通知書

```
                                        年　　月　　日

執行役員＿＿＿＿＿＿殿
                              取締役社長＿＿＿＿＿＿印
                    報酬減額通知書
   今般の不祥事につき、貴殿の執行役員報酬を下記のとおり減額
することにしましたのでお知らせします。
                         記
   （減額）＿＿＿＿＿＿＿＿＿＿＿＿＿＿＿＿＿円
   （減額後の報酬）＿＿＿＿＿＿＿＿＿＿＿円
   （減額の期間）　　年　　月〜　　年　　月
                                              以上
```

5　出勤停止

 執行役員を出勤停止処分にするときのポイントはどこにありますか。

 出勤停止の期間は、一定期間にとどめます。

解　説

1　出勤停止処分

　出勤停止は、不祥事の責任を明確にするため、一定期間出勤を停止するという処分です。

　出勤期間中は、自宅において謹慎するため、執行役員の職務を執行できないことになります。したがって、その期間中の報酬は支給しません。

　報酬の不支給は、出勤停止に伴う不就労に起因する措置ですから、「減給は、賃金月額の10％を超えてはならない」という労働基準法の規定は適用されません。したがって、減額の幅が10％を超えても法的に問題はありません。

　例えば、10日間の出勤停止処分を行ったとします。この場合、減給の額は、当然報酬の30％、40％に達するでしょう。しかし、これは出勤停止に伴う不就労に起因する措置ですから、減給制限についての労働基準法の規定は適用されず、法的に問題は生じません。

2　出勤停止の期間

　出勤停止期間中は、報酬は支給されません。したがって、出勤停止期間が長期になればなるほど、報酬が少なくなり、生活に深刻な影響を与えます。かりに出勤停止が2ヶ月、3ヶ月に及べば、その期間、収入が途絶えてしまい、生活ができなくなります。

　このため、出勤停止の期間をいたずらに長くするのは問題でしょう。

　一般的にいえば、出勤停止の期間は、10日程度以内とするのが妥当といえます。

3　決定手続き

　執行役員の出勤停止処分は、取締役会の決定によって行います。

（参考）出勤停止命令書

```
                                    年　月　日

執行役員＿＿＿＿殿
                              取締役社長＿＿＿＿

            出勤停止命令書
　今般の不祥事につき、下記のとおり出勤停止処分に付する。
                    記
（出勤停止期間）　年　月　日（　）～　年　月　日（　）
なお、出勤停止期間に相応する報酬は支給しない。
                                        以上
```

6 停職

uestion 執行役員を停職処分にするときの
ポイントはどこにありますか。

Answer 不祥事の情状に応じて、停職期間と報酬の
取り扱いを決めます。

解　説

1　停職処分

不祥事の内容が悪質であるときは、その責任を問うために、一定
期間、執行役員としての職務執行を停止します。

職務停止期間中は、

・他の業務を行わせる

・研修（独習を含む）を受けさせる

などの取り扱いをします。

2　停職期間

停職期間は、不祥事の情状に応じて決めます。期間があまり短い
と、出勤停止処分と変わりがなくなります。逆に、期間を長くする
と、実質的に懲戒解雇と同じになります。

停職期間は、一般的に見て、6ヶ月程度以内とするのが妥当でし
ょう。

3 職務代行者

停職期間中は、執行役員が不在となります。したがって、その期間が長いと、その部門の業務に支障が生じます。このため、支障が生じることのないよう、職務代行者を選任します。

4 報酬の取り扱い

停職期間中は、執行役員としての本来の職務を執行しないという事情に配慮し、報酬の一部のみを支払うことにするのが適切です。

特に明確な基準はありませんが、30～50％程度を支払うことにするのがよいでしょう。

5 決定手続き

執行役員の停職処分は、取締役会の決定によって行います。

（参考）停職命令書

```
                                              年  月  日
執行役員_____殿
                              取締役社長_____
                    停職命令書
        今般の不祥事につき、下記のとおり停職処分に付する。
                        記
        （停職期間）    年  月  日～  年  月  日
        なお、停職期間中は、報酬の50％をカットする。
                                              以上
```

7　懲戒解雇

uestion　執行役員を懲戒解雇処分にすると
きのポイントはどこにありますか。

Answer　不祥事の内容がきわめて悪質であるときは、
労働基準監督署長の許可を得て、即時に解雇します。

解　説

1　懲戒解雇処分

　懲戒解雇は、執行役員との雇用関係を断ち切り、社外へ追放する
というもので、懲戒処分の中で最も重い処分です。

2　労働基準法の規定

　懲戒解雇は、解雇者の生活にきわめて大きな影響を与えます。収
入が途絶え、生活が困難となるからです。

　このため、労働基準法は、「使用者は、労働者を解雇しようとす
る場合においては、少なくとも30日前にその予告をしなければなら
ない。30日前に予告をしない使用者は、30日分以上の平均賃金を支
払わなければならない」と規定しています（第20条）。

　30日前の予告あるいは平均賃金の30日分以上の支払が解雇の条件
ですが、「労働者の責に帰すべき事由に基づいて解雇する場合」で、
労働基準監督署長の許可を受けたときは、予告手当を支払うことな

く即時に解雇できます。

　このため、執行役員の不祥事の内容がきわめて悪質であると判断
されるときは、労働基準監督署長の許可を得て、即時に解雇するの
がよいといえます。

3　決定手続き

　執行役員の懲戒解雇処分は、取締役会の決定によって行います。

（参考）懲戒解雇通知書

```
                                        年　　月　　日
執行役員＿＿＿＿殿
                                取締役社長＿＿＿＿
                    懲戒解雇通知書
　下記のとおり懲戒解雇処分に付する。
                        記
（懲戒解雇日）　　年　　月　　日付
（解雇の事由）　＿＿＿＿＿＿＿＿＿＿＿＿＿＿＿＿＿＿＿

＿＿＿＿＿＿＿＿＿＿＿。
                                            以上
```

8 諭旨退職（諭旨解雇、依願退職）

uestion　執行役員を諭旨退職処分にすると
きのポイントはどこにありますか。

Answer

退職慰労金を不支給とするか、あるいは大
幅に減額します。

解　説

1　諭旨退職の趣旨

　諭旨退職は、不祥事を起こした者に退職を勧告し、自らの意思で
退職させるという処分です。

　不祥事の内容がきわめて悪質である場合には、懲戒解雇処分が妥
当です。また、懲戒解雇という重い処分に付さなければ、社内の秩
序と規律を保つことは難しいでしょう。

　しかし、懲戒解雇処分に付すると、本人の経歴に傷がつきます。
その結果、再就職が困難となります。いくら執行役員という重責を
勤め上げたとはいえ、他の会社で懲戒解雇処分を受けた人物を喜ん
で採用しようとする会社はありません。

　このため、本人の将来を考慮し、懲戒解雇処分に代えて、諭旨退
職という温情的な処分が採られるのです。

2　退職慰労金の取り扱い

　退職する者は、不祥事を起こして会社に損害を与えたり、会社の信用と名誉を汚した者です。そのような執行役員に退職慰労金を満額支給することは常識的に判断して適切ではありません。社内の理解も得られません。

　退職慰労金については、不支給とするか、あるいは大幅に減額するのが妥当です。

3　決定手続き

　執行役員の諭旨退職処分は、取締役会の決定によって行います。

（参考）諭旨退職に関する取締役会議事録

第○号議案　執行役員○○○○氏の依願退職の件

　議長は、不祥事を起こした執行役員○○○○氏から　年　月日付けで退職願が提出されたことを報告した後、諸般の事情を総合考慮し、これを受理したい旨諮ったところ、全員異議なくこれを承認した。

　なお、同氏に対する退職慰労金の取り扱いについては、議長に一任することを決議した。

9 懲戒処分実施の4原則

uestion　懲戒処分実施の4原則とは何ですか。

Answer　「事実関係の調査」「平等な処分」「処分の相当性」および「弁明機会の付与」です。

解　説

執行役員を懲戒処分に付するに当たっては、次の4点に十分配慮します。

1　事実関係の調査

懲戒処分は、会社の秩序・規律を維持するうえで必要不可欠のものですが、執行役員の信用、身分、経歴、生活に大きな影響を与えます。このため、事実関係を十分に確認して行うことが必要です。

2　平等な取り扱い

同一事案における他の執行役員の処分、あるいは、過去の同種事案における処分例とのバランスに十分配慮することが必要です。

処分の内容にバランスが欠けていると、執行役員の間においてはもちろんのこと、一般社員の間において、会社の人事管理・労務管理に対する不信感が発生します。

また、懲戒処分を受けた執行役員が処分の妥当性・有効性につい

て裁判を提訴したときに、裁判所から「会社の懲戒は、処分の選択に関する裁量の範囲を逸脱し、懲戒権の濫用に当たる」と認定される可能性があります。

3 相当性の原則

懲戒処分の内容は、規律違反の種類・程度その他の事情に照らし、相当のものでなければなりません。

常識的に判断して処分の内容が重過ぎると、処分をめぐって裁判が起こされたときに、裁判所から「処分の選択に関する裁量の範囲を逸脱し、懲戒権の濫用に当たる」と認定される可能性があります。

4 弁明の機会の付与

規律違反行為・不正行為は、何らかの動機・目的・意図があって行われるのが普通です。動機・目的・意図がまったくなく、そのときの気分で規律違反・不正を行うということは、通常は考えられません。懲戒行為が行われた目的・動機・意図は、本人の話を聞かなければわからないのです。

また、懲戒処分の決定に当たっては、反省の程度を反映させるべきですが、本人が反省しているかどうか、反省の程度がどれほどであるかも、本人から直接話を聞かなければわかりません。

このため、懲戒処分の内容を決定するに当たっては、本人に弁明の機会を与えることが望ましいのです。

第14章　執行役員会

1 執行役員会の設置

> **Q**uestion　執行役員制度を実施するときは、必ず執行役員会を設置しなければならないのですか。

Answer　執行役員会を設置するかしないかは、会社の自由です。執行役員制度の導入目的からすると、執行役員会を設置するのがよいでしょう。

解　説

1　会社法と執行役員会

　執行役員で構成される機関を「執行役員会」といいます。

　会社法は、取締役会については、「会社の業務執行を決し、取締役の職務の執行を監督する機関」と位置付け、株式会社（公開会社）に対し、その設置を義務付けています。株式会社（公開会社）は、必ず取締役会を設置しなければなりません。

　また、会社法は、業務執行権を有する取締役に対し、「3ヶ月に1回以上、業務の執行の状況を取締役会に報告しなければならない」と報告を義務付けています。これは、業務執行権を有する者が独走し、会社に損害を与えることを防止するためです。

　これに対し、執行役員は、取締役ではないため、会社法の適用は受けません。したがって、執行役員で構成される執行役員会を設置

するか設置しないかは、それぞれの会社の自由です。

2 執行役員会の設置

　会社は、執行役員会を設置すべき法的義務を負っていませんが、執行役員制度を効率的・効果的に運用し、経営力を強化するという観点から判断すると、執行役員会を設置するのがよいでしょう。

　執行役員会を設置し、適切に運用することは、執行役員制度の実効性を高める重要な方策となります。

3 出席義務

　執行役員会を設置したときは、すべての執行役員に対し、役員会に出席することを義務付けます。

2 執行役員会の機能

 執行役員会の機能はどのように設定するのが合理的・現実的ですか。

Answer　　社長に対する業務報告、社長からの取締役会報告、執行役員相互の情報交換などとするのがよいでしょう。

解　説

　執行役員会の機能は、次のとおりとするのが合理的・現実的です。

1　業務執行状況の報告

　執行役員は、特定の部門の業務を執行するという大きな責任と権限を有しています。会社（取締役会）としては、執行役員の業務執行を監督することが必要です。このため、すべての執行役員に対し、執行役員会の場において自らの業務の執行状況を正確に報告することを義務付けます。

2　取締役会の決定事項の報告

　執行役員は、会社の経営方針・経営計画を十分に踏まえて、自らの業務を執行することが必要です。会社の経営方針・経営計画を決定するのは、取締役会です。

　このため、社長または役付役員が出席して、取締役会の決定事項

を執行役員に報告します。

3　相互の情報交換

　執行役員は、自らの業務を執行するうえで、他の執行役員の業務執行状況を知ることが望まれます。他の部門から情報を入手することにより、自分の部門の業務を円滑に遂行することができるようになります。

　会社は、組織体ですから、部門ごとの情報交換はきわめて重要です。このため、「相互の情報交換」を執行役員会の機能に加えます。

4　取締役会への意見具申

　執行役員は、経営の第一線における最高責任者ですから、経営に関してさまざまな情報に接する立場にあります。また、「会社の経営は、このようにしたらよいのではないか」「このような分野に進出したら、売上を伸ばせるのではないか」「社員の勤労意欲を高めるには、このような人事制度を実施したら効果的ではないか」などの意見や提案を持っている執行役員もいるものと思われます。

　会社は、経営方針・経営計画の策定に当たって、必要に応じ、執行役員会に意見を求めるのが賢明です。

　執行役員会に意見を求めることは、執行役員の忠誠心と勤労意欲と経営参加意識を強めることにもなります。

3　執行役員会の構成

 uestion　執行役員会の構成はどのようにするのが合理的ですか。

Answer　社長、役付役員と執行役員とで構成するのがよいでしょう。

解　説

1　執行役員会の構成

執行役員会の構成については、
・執行役員だけで構成する
・執行役員とすべての取締役で構成する
・執行役員と社長および役付役員で構成する
・執行役員と社長で構成する
などが考えられます。

どのような構成にするかは、もとより各社の自由ですが、執行役員会の機能を十分に果し、執行役員制度の実効性を高めるためには、
・すべての執行役員
・経営の最高責任者である社長
・社長を補佐する立場にある役付役員
で構成することにするのがよいといえます。

2 目的の周知

執行役員制度を導入し、執行役員会を設置するときは、すべての執行役員に対し、あらかじめ委員会の目的（機能）を周知しておきます。

執行役員会の機能・目的

① 社長に対し、業務の執行状況を報告すること。社長が執行役員から業務の執行状況の報告を受けること
② 社長が執行役員に対し、取締役会の決定事項を伝達すること
③ 執行役員相互において、業務に関する情報を交換すること
④ 取締役会から経営方針・経営計画等について意見を求められたときは、意見を具申すること

4　執行役員会の種類

 uestion 　執行役員会の種類は、どのように
決めるのが合理的・現実的ですか。

 nswer 　定例会と臨時会の2種類とします。

解　説

1　会議の種類

執行役員会の種類は、次の2種類とします。

・定例執行役員会

・臨時執行役員会

2　開催日時と場所

執行役員会を開催する都度、すべての出席予定者にスケジュール
の都合を聞いて開催日時を決めることにすると、相当の手間がかか
ります。当然のことながら、執行役員の人数が多ければ多いほど、
日程の調整が難しくなります。

また、執行役員は、業務執行の責任者という性格上誰もが忙しい
ために、全員が都合のよい日時を決めることができないことも考え
られます。

このため、定例執行役員会については、例えば、「毎週月曜日の

午前10時から、第1会議室で開催する」という具合に、あらかじめ開催日時と場所を決め、出席予定者全員に周知しておくのがよいでしょう。

3　開催頻度

　「会社側として執行役員の業務報告を聴取する」「取締役会の決定事項を執行役員に伝達する」「執行役員相互の情報交換を行う」などの執行役員会の機能（目的）をよく勘案して、開催頻度を決めます。

執行役員の義務

①　必ず執行役員会に出席すること。やむを得ず欠席するときは、事前に連絡すること
②　開催時刻に遅れないこと。中座しないこと
③　業務の執行状況を簡潔・正確に報告すること
④　取締役会の決定事項を正しく理解すること
⑤　取締役会の報告事項のうち、「秘密情報」については第三者に口外しないこと
⑥　社長から指示された事項については、誠実に遵守すること
⑦　会議の進行に積極的にかかわること。傍観者的な態度を取らないこと

5　執行役員会の議事運営

 執行役員会の議事運営については、
どのような点に留意すべきですか。

 議長を決め、議事録を作成します。

解　説

1　議長

　執行役員会の運営を効率的に行うため、議長を定めておきます。

　執行役員について、専務執行役員、常務執行役員、執行役員というように、役位を設けている場合には、専務執行役員が議長を務めます。役位を設けていないときは、執行役員歴が最も長い者または総務担当執行役員が議長を務めます。

2　議事録の作成

　執行役員会を開催したときは、議事録を作成します。

3　事務局

　執行役員会の事務を執り行う部門を定めます。

（様式）執行役員会議事録

<table>
<tr><td colspan="3" align="center">執行役員会議事録</td></tr>
<tr><td>開催年月日</td><td colspan="2">　年　月　日（　）　　時　分〜　時　分</td></tr>
<tr><td>出席者</td><td colspan="2"></td></tr>
<tr><td colspan="3" align="center">議事内容</td></tr>
<tr><td>取締役会の報告事項</td><td colspan="2">①
②</td></tr>
<tr><td>執行役員の報告事項</td><td colspan="2">①
②
③</td></tr>
<tr><td>意見交換事項</td><td colspan="2">①
②</td></tr>
<tr><td>合意事項</td><td colspan="2"></td></tr>
<tr><td>特記事項</td><td colspan="2"></td></tr>
</table>

第15章　経営環境の変化への対応

1 若手の登用

Question　経営環境の変化に対応して執行役員制度の見直しを検討しています。どのような点に留意すべきですか。

Answer　業務遂行について、能力と意欲のある若手社員を執行役員に登用することが、経営環境の変化に対応する重要なポイントといえます。

解　説

1　若手登用の趣旨

　長期にわたって経済の低成長が続く中で、経営環境はきわめて厳しさを増しています。どの業界においても、限られた市場規模をめぐって激しい競争が繰り広げられています。国内の同業者との競争はもちろんのこと、海外の業者との競争もあります。

　経営者は誰もが経営環境・市場環境の厳しさを実感しています。

　厳しい経営環境の中で売り上げを確保し、会社の成長を図るためには、能力と意欲のある人材を執行役員として登用することが必要です。

　執行役員制度は、本来的に、業務執行能力の優れた社員に一定の業務執行権限を与え、その手腕を発揮させ、業績の向上を期すという制度です。しかし、執行役員人事を見ると、年功序列で執行役員

を選任・登用しているケースがきわめて多いのです。このような人事を行っていたのでは、厳しい環境の中で経営の存続を図ることは期待できません。

　年齢や勤続年数にとらわれることなく、業務において優れた業績を上げ、「業務執行能力が優れている」「業務管理力と行動力がある」と認められる若手を執行役員として登用し、その能力を発揮させます。

　若手人材の登用の必要性は、いくら強調しても強調しすぎることはありません。

図表　登用する若手の条件

・一定の業務において優れた成績を収めていること
・業務管理力と行動力のあること
・バランス感覚のあること
・人間的に誠実であること
・周囲の者の人望のあること

2　権限の付与

　どのような業務でも、また、どのようなポスト（係長・課長・部長）でも、その業務または責任を効率的に果たすためには、一定の権限が与えられることが必要不可欠です。

　執行役員の業務についても、同様です。

　若手社員を執行役員として登用したときは、その業務を遂行するために必要な権限を与えることが必要です。

　例えば、営業部門において優れた成績を上げている若手社員を執行役員として任用したときは、販売価格の決定、支払い条件の決定などの面で一定の権限を与え、その権限を自己の判断で自由に行使

させます。

　販売価格や支払い条件など、すべての場面において社長の許可を必要とするというのでは、営業担当の執行役員としての業務を円滑に遂行することはできません。また、本人も、執行役員としてのやりがいを感じることはできないでしょう。

2　女性の登用

Question　女性の執行役員の登用については、どのように対応するのが現実的ですか。

Answer　執行役員の登用人員、あるいは女性の執行役員の比率について一定の目標を立てて計画的に取り組むことが望ましいといえます。

解　説

1　女性の積極的登用

　男女共生社会の実現が日本の社会的な課題となっています。

　教育やスポーツ、文化・芸術の分野では女性の進出が相当進んでいますが、経済の分野では遅れています。

　働く女性が多い割には、女性の役員や管理職が少なく、執行役員についても、同様です。女性の執行役員の比率が全執行役員の3割、4割を占める会社は少ないのが現状です。

　女性には、男性にはない感性（センス）があります。生活感覚も鋭いといえます。

　経営環境の変化に対応して会社の競争力を強化するという観点からすると、女性を執行役員として積極的に登用することが望ましいでしょう。すでに女性を登用している会社は、その比率を増加させ

ることが望ましいといえます。

　女性の執行役員への登用は、会社にとって、「女性の能力と感性（センス）を活用できる」という効果のほかに、

- ・女性社員の勤労意欲の向上を図れる
- ・能力と意欲のある女性の募集・採用に有利となる
- ・会社のイメージアップを図れる

などのメリットも期待できます。

2　達成目標の設定

　女性の執行役員の登用は、達成目標を決めて、計画的・段階的に取り組むことが何よりも重要です。達成目標が決められ、その目標の達成が経営幹部の間において共有されていることが必要です。数値目標が決められていないと、とかく掛け声倒れに終わる可能性が大きいからです。

　達成目標は、「目標年次（また目標期間)」と「目標人員（あるいは目標比率)」の両面から構成される必要があります。目標年次または目標人員のいずれかを欠くものは、「目標」とはいえません。

　また、数値を明確にせず、ただ単に「女性執行役員の増加に努める」というようなものは目標とは認められません。

図表　目標の例

・3年以内に執行役員の女性比率を30％以上とする
・202X 年度までに女性執行役員を5名以上とする
・3年以内に女性の執行役員を5名以上とする
・2年以内に2名以上の女性執行役員を任命する

3 目標設定の基準

　女性執行役員の登用目標は、会社の業務内容（業種）、女性社員の比率（または人員）などを踏まえて決定するのが合理的・現実的です。

図表　女性執行役員の登用目標の設定基準

・会社の経営方針、人材活用方針
・会社の業務内容、業種
・女性社員数
・女性の平均年齢、勤続年数
・女性総合職の人員
・女性管理職の人員

4 目標の公開

　女性の執行役員の登用目標について達成目標を決定したときは、その内容を社員に公開するのがよいでしょう。これにより、女性社員の勤労意欲の向上と男性社員の意識の変革を図ります。また、人事制度が「社員に開かれた制度」になります。

3 外国人の登用

> ## Question 外国人の執行役員の登用について、どのように考えるべきですか。

> ## Answer
> 業務遂行について能力と意欲のある外国人を執行役員として登用し、経営の国際化・グローバル化に対応するのがよいでしょう。

解　説

1　経営の国際化・グローバル化への対応

　年々、経営の国際化、グローバル化が進んでいます。海外への製品輸出、海外からの資材等の輸入、サプライチェーンの国際化、海外での生産などが進んでいます。

　海外で地震等の自然災害が発生すると、部品、原材料等の輸入が途絶え、減産や生産停止に追い込まれるメーカーが多くありますが、これはサプライチェーンの国際化が著しく進展していることの表れです。

　経営の国際化・グローバル化を推進するためには、執行役員に外国人を登用することが必要です。

図表　外国人の登用の効果

・経営の国際化・グローバル化を強化できる
・会社のイメージアップを図れる
・社員の国際センスを高めることができる
・社員の活性化を図れる

2　業務内容にふさわしい報酬

　執行役員制度は、特定の分野の業務（専門的知識を必要とする業務、または豊かな経験を要する業務）の執行に優れている人材に対して、特定の業務の執行を命令または委託するという人事制度です。いわゆる「労働者」「ビジネスパーソン」として採用するというものではありません。

　外国人の考えは、日本人に比較してきわめて合理的・ビジネス的であるといわれます。

　外国人を執行役員として登用し、商品開発、デザイン・意匠開発、輸出入管理、海外生産管理（サプライチェーンの統括）、海外生産管理、海外の株主に対する経営情報の提供、その他特定の業務の執行を命令または委託する場合には、その業務の執行に見合う報酬を支払う必要があります。

　報酬の金額について不満があると、任期の途中で辞任される可能性があります。

　報酬については、あらかじめその金額と支払方法等に関して本人の同意を得たうえで執行役員に選任することが望まれます。

**図表　外国人執行役員の選任に当たりあらかじめ同意を得ておく
　　　べき事項**

・業務の内容
・業務執行期間
・契約更改の有無、更改する場合の要件
・報酬の金額
・報酬の支払方法、支払時期
・報酬からの控除

4　経営課題への対応

> **Q**uestion　業務のデジタル化などの経営課題に
> 取り組むには、どのような体制を取
> るのが合理的ですか。

Answer　　経営課題に専門的に取り組む部門を設置す
るか、またはプロジョクトチームを編成し、その最高責任
者を執行役員とするのがよいでしょう。

解　説

1　環境変化の中における経営課題

　現在、経営環境が激しく変化する中で、会社はさまざまな経営課
題を抱えています。主な課題を示すと、次頁の図表のとおりです。
　規模の大小、業種の種類を問わず、これらの課題を適切に解決し
ないと、会社は存続していくことが難しくなります。

図表　主な経営課題

課題	内容
業務全般のデジタル化	原材料の調達から商品の生産・販売に至るまで、業務全般をデジタル化し、業務の効率化・合理化、コストの削減と品質の向上を図る。
環境問題への対応	エネルギーの効率的使用、クリーンエネルギーの使用、環境に優しい商品の開発・販売、生産の効率化、冷暖房温度の適切な設定、産業廃棄物の適切な処理など、環境問題に積極的に取り組むことが求められている。
リスクマネジメント	自然災害（地震・風水害その他）、感染症の拡大、サプライチェーンのトラブル、欠陥商品の出荷、知的財産権の侵害その他の問題が生じたときの対応をあらかじめ定めておく。
新しい働き方の構築	テレワーク・リモートワーク、モバイルワーク、選択的週休3日制、リカレント休暇制（教育休暇制）その他の新しい働き方を実施する。
社内コミュニケーション制度の見直し	働きがいのある職場を実現するうえで社内のコミュニケーション制度の果たす役割はきわめて大きいが、近年社内コミュニケーションが希薄化している。新しい時代にふさわしい制度を模索し、実施する。
新しい事業分野への進出	これまでの事業分野に固くこだわっていると、会社の成長は期待できない。デジタル化、高齢化等に対応する新しい事業を検討し、チャレンジする。
新しいIR戦略	経営情報の提供を中心として、新しい時代にふさわしいIR（インベスターズ・リレーションズ、株主対応）のあり方を模索し、実施していく。

2　課題への対応と執行役員

　経営課題に対しては、迅速かつ積極的に対応することが必要です。既存の部門（例えば、経営企画部や総務部）が、本来の業務の合間に「経営課題への対応を考える」というのでは、時間がかかってしまい、社会・経済の流れに後れを取ることになります。

　経営課題に対しては、会社として組織的に取り組む必要があります。そのような観点からすると、

　　・その課題に取り組む専門の組織（部・課）を設置するか、または組織横断のプロジェクトチームを編成する

　　・その組織またはプロジェクトチームのトップに執行役員を置く

という体制を取るのが合理的・効果的でしょう。

　例えば、業務全般のデジタル化を推進するために「デジタル部」を新設するときは、デジタル部長を執行役員に任命し、業務のデジタル化の企画・立案、事前準備、実施に必要な一定の権限を与えます。

5　執行役員制度の見直し

Question　　「経営の効率化」「業務遂行に係る意思決定の迅速化」「取締役会の機能の純化」などを目的として、昨年度、執行役員制度を発足させました。今後、制度の内容の見直しについては、どのように考えるべきですか。

Answer　　一般的には、制度発足の3、4年後に見直しを行うのが適切です。また、その後はおおむね5年ごとに、制度の点検を実施するのがよいでしょう。

解　説

1　執行役員制度の見直し

　どの人事制度についてもいえることですが、制度の発足後一定期間が経過すると、

- ・制度の内容や運用に関して、当事者から不満が出る
- ・制度への社員の関心が低下する
- ・制度の効果が薄れる
- ・制度の運用がマンネリとなり、緊張感が低下する

などの問題が生じる可能性があります。

　執行役員制度についても、同様のことがいえます。制度をスタートさせてから一定の期間が経過すると、例えば図表に示すような問

題が生じます。

　問題が生じているにも関わらず、放置しておくのは好ましくありません。問題の解決と執行役員制度の機能の強化に真剣に取り組むことが必要です。

　このため、制度の見直しを行うことが望ましいでしょう。執行役員制度を導入し、10年も20年も、見直しをしないというのは大いに問題です。

図表　執行役員制度の問題点

・執行役員選任の基準があいまいとなる
・数年もの間、業績目標を達成できない者が再任される
・業務で実績を上げている若手が「年齢が若い」という理由で執行役員に登用されない
・執行役員の報酬と一般社員の給与との差が当初より小さくなる
・執行役員が「責任ばかり重くて、報酬が良くない」という不満を漏らす
・執行役員会の運営がマンネリとなる

2　見直しの時期

　制度の見直しの時期については、特に基準はありません。会社として、「問題が生じている」と認識した時点、または「見直しが必要である」と判断した時点で見直しを行うのが適切な対応といえます。

　しかし、「問題が生じたらその時に見直しを行おう」という姿勢でいると、日常業務の繁忙に時間を奪われ、結果的に長期にわたって制度の見直しを行わない可能性が高くなります。

　一般的には、制度発足の3、4年後に、制度全般について見直しを行うのが適切です。また、その後はおおむね5年ごとに、制度の点検を実施するのがよいでしょう。

6　見直しの内容と体制

Question　制度発足後3、4年を経過した時点で見直しを行う場合、どのような点に重点を置くのがよいでしょうか。

Answer　執行役員の選任、職務権限、業績の評価および報酬の水準と構成などについて見直しを行うのがよいでしょう。

解　説

1　見直し事項の決定基準

　現行の執行役員制度について、どのような事項の見直しを行うべきかは、
　　・制度の運用内容
　　・経営への効果の分析（経営の効率化が図られているか、その他）
　　・執行役員の意見
などを踏まえて決定します。

　このうち、執行役員の素直な意見を聴くことはきわめて重要です。執行役員が業務執行上の権限の範囲、業績の評価、報酬などについてどのように考えているかを聞き取り、見直し事項を決定します。

2 見直し事項の例

見直し事項とポイント(着眼点)を例示すると、図表のとおりです。

図表 執行役員制度の見直し事項とポイント(例)

事 項	見直しのポイント
選任	・選任の基準が明確になっているか ・能力と意欲のある人材が選任されているか
職務権限	・業務を迅速に遂行するに必要な権限が付与されているか ・権限が著しく制限されていないか
業績の評価	・業績の評価項目が明確に示されているか ・業績の評価について、執行役員が意見を言う機会が与えられているか
報酬	・報酬は業務内容と責任の程度に見合っているか ・報酬と社員給与との差は適切か ・報酬の構成は適切か
執行役員会	・執行役員会の開催頻度は適切か ・執行役員が自由に発言できる雰囲気が形成されているか ・執行役員会が「社長に業務報告をするだけの場」に終わっていないか

3 見直しの体制

見直しの体制としては、

・取締役と執行役員とで構成される委員会を組織して行う

・人事担当の取締役が関係者の意見を聴いて行う

・外部のコンサルタント会社に委託して行う

などが考えられます。

【著者紹介】

荻原　勝（おぎはら　まさる）
東京大学経済学部卒業。人材開発研究会代表。経営コンサルタント
〔著書〕
『コロナ禍の社内規程と様式』、『残業時間削減の進め方と労働時間管理』、『就業規則・給与規程の決め方・運用の仕方』、『働き方改革関連法への実務対応と規程例』、『人事考課制度の決め方・運用の仕方』、『人事諸規程のつくり方』、『実務に役立つ育児・介護規程のつくり方』、『人件費の決め方・運用の仕方』、『賞与の決め方・運用の仕方』、『諸手当の決め方・運用の仕方』、『多様化する給与制度実例集』、『給与・賞与・退職金規程』、『役員・執行役員の報酬・賞与・退職金』、『新卒・中途採用規程とつくり方』、『失敗しない！新卒採用実務マニュアル』、『節電対策規程とつくり方』、『法令違反防止の内部統制規程とつくり方』、『経営管理規程とつくり方』、『経営危機対策人事規程マニュアル』、『ビジネストラブル対策規程マニュアル』、『社内諸規程のつくり方』、『執行役員規程と作り方』、『個人情報管理規程と作り方』、『役員報酬・賞与・退職慰労金』、『取締役・監査役・会計参与規程のつくり方』、『人事考課表・自己評価表とつくり方』、『出向・転籍・派遣規程とつくり方』、『IT時代の就業規則の作り方』、『福利厚生規程・様式とつくり方』、『すぐ使える育児・介護規程のつくり方』（以上、経営書院）など多数。

改訂版　執行役員制度の設計と運用

2005年1月27日　第1版第1刷発行
2022年2月23日　第2版第1刷発行

編著者	荻原	勝
発行者	平	盛之

発　行　所　　　　　〒100-0014　東京都千代田区永田町1-11-1

㈱産労総合研究所　　　　　　　三宅坂ビル

出版部　経営書院　　　　　電話　03-5860-9799
　　　　　　　　　　　　　振替　00180-0-11361

印刷・製本　藤原印刷株式会社

ISBN978-4-86326-321-5